D. T. Suzuki, Erich Fromm
Richard de Martino

Bouddhisme Zen et psychanalyse

TRADUIT PAR THÉO LÉGER

AF853746

QUADRIGE / PUF

Bouddhisme Zen
et psychanalyse

Préface

Ce livre a pour origine un séminaire sur le Bouddhisme Zen et la Psychanalyse, tenu à Cuernavaca, au Mexique, sous les auspices du « Department of Psychoanalysis of the Medical School » de l'Université nationale autonome de Mexico (1).

Il y a encore vingt ans, un psychologue aurait été grandement surpris — voire scandalisé — de constater l'intérêt de certains de ses collègues pour un système religieux mystique tel que le Bouddhisme Zen. Il aurait été encore beaucoup plus surpris de constater qu'un grand nombre de membres de ce séminaire n'étaient pas seulement « intéressés », mais profondément concernés par ce système. Le moins qu'on puisse dire, est que la semaine passée en compagnie du Professeur Suzuki et au contact de ses idées, a eu sur eux la plus stimulante et vivifiante influence.

La raison d'un tel changement réside dans des facteurs qui seront

(1) Ces conférences furent suivies par une cinquantaine de psychologues et de psychiatres (la plupart d'entre eux psychanalystes) de Mexico et des Etats-Unis. Outre les essais publiés ici, il y en eut un bon nombre d'autres qui furent exposés et discutés au cours de ces séances :

— Dr M. Green : *The Roots of Sullivan's Concept of Self.*
— J. Kirsch : *The Role of the Analyst in Jung's Psychotherapy.*
— I. Progoff : *The Psychological Dynamism of Zen ; The Concept of Neurosis and Cure in Jung.*
— Miss C. Selver : *Sensory Awareness and Body Functioning.*
— Dr A. Stunkard : *Motivation for Treatement.*
— Dr E. Tauber : *Sullivan's Concept of Cure.*
— Dr P. Weisz : *The Contribution of Georg W. Groddeck.*

Ne sont publiés ici que les essais les plus directement en rapport avec le Bouddhisme Zen, en partie à cause du manque de place, en partie pour la raison qu'en publiant les autres essais sans le contexte des discussions qui les accompagnèrent, leur cohésion n'apparaîtrait pas suffisamment.

discutés plus loin, au cours de ce livre et tout particulièrement dans mon essai. Pour les résumer brièvement, ces facteurs se trouvent dans le développement de la théorie analytique et dans la transformation du climat intellectuel et spirituel de l'Occident. Ils se trouvent aussi dans l'œuvre du Professeur Suzuki qui, par ses livres, ses conférences et sa personnalité, a initié le monde occidental au Bouddhisme Zen.

Les membres de ce congrès, comme beaucoup de lecteurs de ce livre, étaient supposés être plus ou moins au courant des écrits du Professeur Suzuki. Ce qui distingue ses conférences publiées ici de ses autres écrits, c'est le fait qu'elles traitent particulièrement de problèmes psychologiques tels que l'Inconscient ou le Soi et, qu'en outre, elles ont été prononcées à l'intention d'un petit groupe de psychologues et de psychanalystes qui, au cours des discussions et des conversations de cette semaine passée en commun, eurent le loisir de faire part au Professeur Suzuki de leurs questions et de leurs préoccupations. Ces conférences se révéleront, je crois, particulièrement fructueuses pour les psychologues et les psychanalystes, ainsi que pour toute personne préoccupée du problème de l'homme, et, bien que ces conférences ne soient pas du genre de lecture qu'on puisse qualifier de « facile », elles n'en apporteront pas moins au lecteur une compréhension qui lui permettra d'en poursuivre l'étude par lui-même.

Les deux autres parties de ce livre ne nécessitent aucun commentaire. On mentionnera simplement que les essais du Professeur Suzuki et de Monsieur de Martino sont la transcription presque littérale de leurs conférences (chez le Professeur Suzuki, seule la forme directe a été changée en celle d'un essai écrit), mais quant à mon propre essai, il a été complètement remanié, tant dans sa longueur que dans sa teneur. La raison principale réside en ce congrès lui-même. Bien que je fusse déjà familiarisé avec les écrits sur le Zen, l'effet stimulant du congrès et les réflexions qui en ont découlé m'ont conduit à réviser et à élargir considérablement mes idées. Cette transformation ne concerne pas seulement ma compréhension du Zen, mais également certains concepts psychanalytiques tels que le problème de l'élaboration de l'inconscient en conscient, ainsi que du but de la thérapeutique psychanalyste.

E. F.

PREMIÈRE PARTIE

Le Bouddhisme Zen

PAR D. T. SUZUKI

Chapitre Premier

Orient et Occident

En Occident, nombre d'écrivains de valeur ont traité ce thème éculé : « Orient et Occident. » En revanche, rares sont les écrivains d'Extrême-Orient qui l'ont fait. C'est pourquoi il nous a paru intéressant de commencer par eux.

Au XVIe siècle, un des plus grands poètes japonais, Basho, composa le *hâïku* suivant :

Je regarde avec attention :
Un *nazuna* en fleur
Au pied d'une haie !
Yoku mireba
Nazuna hana saku
Kakine kana.

Dans un chemin de campagne, le poète aperçoit au pied d'une haie une petite plante sauvage d'apparence si humble qu'elle passe généralement inaperçue. Fait banal et qu'il exprime d'une manière banale, sans la moindre intervention d'éléments dit « poétiques » si l'on excepte la particule *kana* qui clôt le poème. Cette particule exprime l'admiration, la mélancolie ou la joie et ne peut se rendre en français que par un point d'exclamation.

Il faudrait être familiarisé avec la poésie japonaise pour percevoir l'intense émotion qui se dégage de ce poème. Les poètes japonais, comme tous les poètes orientaux, s'identifient à la nature par un amour profond alors que les Occidentaux ont tendance à s'y opposer et à ne la considérer que d'un point de vue utilitaire. Ils la traitent comme étant « à leur service ».

La vue de cette petite fleur perdue au fond de la campagne exalte l'amour de la nature au cœur du poète. Il y voit le reflet de la gloire divine et, en sa modestie, tout le mystère de la vie et de l'être. Le poète est transporté d'un sentiment du divin aussi intense que celui des mystiques chrétiens, qui peut atteindre les abîmes mêmes de la vie cosmique.

Il n'est pas nécessaire de contempler l'immensité de l'Himalaya ou la majesté des vagues du Pacifique pour ressentir cette Présence transcendantale qui dépasse la médiocrité quotidienne de notre condition. Il suffit que l'esprit s'ouvre au sentiment de la poésie ou de la religion pour la percevoir dans la plus humble des fleurs sauvages. La grandeur intérieure n'est pas fonction d'une dimension matérielle.

Quelle sera la réaction d'un poète occidental dans une situation similaire ? Prenons Tennyson. Ce n'est peut-être pas le poète type qu'il faille opposer aux poètes orientaux, mais son poème est d'une inspiration analogue à celle de Basho :

Fleur d'un mur lézardé
Je t'arrache à tes lézardes.
Avec tes racines je te tiens dans mes mains.
Toute et tout entière.

Petite fleur telle que tu es,
Avec tes racines, tout entière et tout dans Tout
S'il m'était donné de te comprendre
Je comprendrais alors ce qu'est Dieu et l'homme.

L'esprit de ce poème diffère du poème japonais en deux points essentiels. D'abord Tennyson cueille la fleur « racines » et « toute et tout entière ». Son sentiment peut être analogue à celui de Basho, mais Basho ne cueille pas la fleur. Il la contemple sans discourir. Une seule particule lui suffit pour exprimer toute l'intensité de son émotion.

Tennyson, actif et analytique, arrache la fleur sans se soucier de la plante elle-même qui en mourra. Il lui faut satisfaire sa curiosité par un moyen qui tient de la vivisection.

Basho, totalement inactif, se contente de la contempler. Relevons ici un point sur lequel nous reviendrons plus tard. L'Orient est silence, l'Occident éloquence. Mais le silence de l'Orient est loin d'être le mutisme de qui n'a rien à dire. Il est aussi éloquent que la prolixité occidentale. L'Occident aime à transformer le mot en chair et ce charnel s'exprime, d'une manière parfois outrancière, dans son art et dans sa religion.

Ensuite Tennyson devant la fleur, qui commence sans doute à se flétrir, s'interroge. Basho, peu inquisiteur, se contente de plonger aux sources mêmes de l'existence que lui révèle cette fleur sauvage et par un cri ineffable exprime l'ivresse qu'il en ressent. C'est tout. Tennyson, lui, s'enferre de plus en plus dans l'intellectualité :

S'il m'était donné de te comprendre

Ce recours à la compréhension est caractéristique de la mentalité occidentale. Tennyson s'oppose. Basho accepte. L'individualisme, qui prend ses distances vis-à-vis de Dieu et de la Nature, ne peut jamais s'identifier à eux. Il reste dans ce qu'on appelle de nos jours « l'objectivité scientifique ».

Basho est résolument subjectif. Pour éviter ici l'opposition sujet-objet, ce terme devrait être entendu dans le sens de « subjectivité absolue ». Dans cette subjectivité absolue, Basho n'est plus simplement spectateur de la fleur. Il est devenu la fleur elle-même, la fleur devenue consciente d'elle-même. Et les seize syllabes du *Hâïku* sont la résonance dans le monde humain de la silencieuse éloquence de cette conscience.

Tennyson, pur intellectuel occidental, n'a pas cette profondeur de sentiment. Attaché à la doctrine du Logos, il lui faut à partir d'une expérience vivante, signifier : c'est-à-dire abstraire et intellectualiser, soumettre à toute une série d'analyses ce qui fut vécu et ressenti.

Ainsi, comparés entre eux, chacun de ces poètes révèle les constituantes mêmes de ses traditions.

L'esprit occidental se révèle analytique, discriminatif, inductif, scientifique. Il aime à généraliser, à élaborer des concepts, des lois, à organiser. Il se veut schématique, impersonnel. Il est dominateur, toujours disposé à affirmer son importance, à imposer sa volonté à autrui, etc. Tout au contraire, l'esprit oriental est synthétique. Il totalise et intègre et ne discrimine pas. Il est déductif, dogmatique, intuitif (ou mieux : affectif). Il n'est ni systématique, ni discursif. Il est subjectif, spiritualiste individuellement et collectiviste socialement (1), etc.

L'un des plus grands penseurs de l'Antiquité chinoise, Lao-tseu (VIe s. av. J.-C.), incarne parfaitement ce mode d'être. Sa doctrine oppose « l'Homme du Tao » à « la masse ». On pourrait assigner à l'Oriental le rôle de « l'homme du Tao » et à l'Occidental celui de « masse ». Il n'y a pas, dans ce mot « masse » tel qu'employé par le vieux sage, la moindre nuance péjorative.

Lao-tseu se dépeint lui-même comme un idiot. Il semble ne rien connaître et ne rien ressentir. Il est pratiquement sans valeur dans ce monde utilitariste. Il est quasiment dépourvu d'expression. Cependant, il y a quelque chose en lui qui fait qu'on ne peut le prendre pour un simple d'esprit. Il n'en a que les apparences extérieures.

A l'opposé, l'Occidental possède une paire d'yeux aigus, pénétrants, solidement enchâssés dans leurs orbites, qui surveillent le monde tel un aigle dans les hauteurs du ciel (et de fait l'aigle est l'emblème national de certaines puissances occidentales). Son nez proéminent, ses lèvres minces, la facture de son visage, tout cela suggère une intellectualité hautement développée, une promptitude à agir comparable à celle du lion. Aigle et Lion sont les symboles de l'Occident.

Tchouang-tseu (IIIe s. av. J.-C.) raconte la parabole suivante : Kong-tong, le Chaos, ne possédait aucun organe sensoriel. Ses amis, qui lui devaient leur perfection, par reconnaissance, décidèrent de lui en donner. En huit jours, ils réussirent à lui façonner yeux, nez, bouche, oreilles, mais le neuvième jour, Chaos, transformé en être sensible comme eux, mourut. L'Orient est Chaos, l'Occident, le groupe de ses amis bien intentionnés mais sans discernement.

L'Oriental qui n'est ni démonstratif, ni porté aux discriminations et qui ne fait pas étalage de preuves multiples d'intelligence, peut

(1) Les chrétiens considèrent l'Eglise comme le moyen de salut, parce qu'elle symbolise le Christ, le sauveur. Ils se relient à Dieu, non individuellement, mais à travers le Christ. Le Christ est l'Eglise, et l'Eglise le lieu de réunion pour l'adoration de Dieu et la prière à travers le Christ pour le Salut. En cela les chrétiens sont collectivistes, alors que socialement ils adoptent l'individualisme.

paraître stupide et chaotique. Mais sans ce caractère chaotique il sait qu'il ne pourrait organiser sa vie sociale. Son intelligence naturelle ne lui serait d'aucun secours. Les individualités morcelées doivent se relier à l'Infini qui les englobe et les soutient. L'intelligence appartient à la tête et si Chaos se tenait silencieux, paisible, insensible, derrière son agitation, son travail serait bien plus productif.

L'esprit scientifique de l'Occident invente mille babioles ingénieuses destinées à élever son niveau de vie et à lui économiser temps et travail. Il exploite durement la moindre de ses ressources naturelles. L'Orient, soi-disant sous-développé, ne craint pas le travail manuel mais bien l'esclavage de la machine.

Tchouang-tseu, considéré par les Chinois lettrés comme leur plus grand styliste bien qu'ils n'estiment pas sa pensée à sa juste valeur, rapporte l'anecdote suivante :

Un fermier avait creusé un puits dont il utilisait l'eau pour irriguer sa ferme. Pour puiser cette eau, il se servait d'un seau à la manière des gens les plus primitifs. Un passant le voyant faire lui demanda pour quelle raison il ne se servait pas d'un *chadouf*. Cela lui épargnerait du travail et lui permettrait d'abattre beaucoup plus de besogne qu'en usant d'une méthode aussi primitive. « Je sais bien que cet instrument m'épargnerait du travail, lui répondit le fermier, mais c'est précisément pour cette raison que je ne veux pas m'en servir. En utilisant un engin de cette sorte, je craindrai de me mécaniser, et la mécanisation amène à l'indolence et à la paresse. »

Les Occidentaux s'étonnent de ce que les Chinois, inventeurs de la boussole, de la poudre à canon, du papier, etc., n'aient pas poussé davantage leur développement scientifique et mécanique.

Les Chinois, comme tous les peuples d'Extrême-Orient, aiment la vie pour la vie et le travail pour le travail. Certes, la machine abat plus de besogne, mais, impersonnelle et dépourvue de créativité, elle conduit à la mécanisation du travail et de la vie et leur enlève ainsi toute valeur créatrice. Le travail perd sa valeur de travail et n'est plus qu'un moyen. La vie perd son sens spirituel et esthétique et n'est plus qu'un instrument. L'homme se voit transformé en simple machine à produire. C'est là ce que redoutait le fermier de Tchouang-tseu.

Les philosophes ne font que discourir sur le sens de la personne humaine. A notre époque hautement industrialisée, l'homme est devenu l'esclave de la machine omnipotente. Il serait bon de prendre conscience des séquelles funestes que cela entraîne et de la fausseté de cette vie moderne où la part de l'intellect domine au détriment de la vie considérée dans sa totalité.

Voilà pour l'Orient. Quant à l'Occident, Denis de Rougemont, dans son livre *L'aventure de l'homme occidental*, mentionne la personne et la machine comme les deux traits saillants de la culture occidentale. Ceci est très significatif : personne et machine sont des concepts antinomiques et l'Occident mène un dur combat pour accomplir leur réconciliation. Les Occidentaux le font-ils consciemment ou non ? Nous ne le savons. Nous ne voulons nous en rapporter qu'à la façon dont ces idées hétérogènes informent actuellement la mentalité occidentale. La machine est en contradiction avec la philosophie du travail selon Tchouang-tseu. L'idée occidentale de la liberté individuelle et de la responsabilité personnelle va à l'encontre de l'idée orientale de liberté absolue. Sans entrer dans les détails, nous tenterons de résumer les contradictions oppressantes que l'Occident doit affronter.

1. « Individu et machine » implique une contradiction. Cette contradiction plonge l'Occident dans un état de tension psychologique, visible dans les différents secteurs de la vie moderne.

2. Qui dit individu dit individualité et responsabilité personnelle, alors que la machine est le produit de l'intellect, de l'abstraction, de la généralisation, de la totalisation, de la vie collective.

3. Objectivement, intellectuellement, soit aux termes du machinisme, la responsabilité personnelle n'a aucun sens. La responsabilité est liée logiquement à la liberté, or en logique, il n'y a pas de liberté. Tout est soumis à la loi rigide du syllogisme.

4. L'homme, en outre, en tant que fait biologique, est régi par les lois de la biologie. L'hérédité est un fait. Nulle personnalité ne peut la transformer. Je ne suis pas né par mon propre vouloir. Mes parents ne m'ont pas fait naître selon leur propre vouloir. Une naissance d'après un plan établi à l'avance est une notion dépourvue de sens.

5. La liberté est une autre notion dépourvue de sens. Etre social, je vis au sein d'un groupe. Cela me limite en tout mes mouvements, tant physiques que mentaux. Et, quand bien même vivrais-je dans la solitude, je n'en serais pas plus libre pour autant. Car je suis mû par toutes sortes d'impulsions dont je ne suis pas toujours maître, et qui, parfois, m'entraînent en dépit de moi-même. Aussi longtemps que nous vivons dans ce monde de limitations, nous ne pouvons nous vanter d'être libres ou d'agir selon notre désir. Le désir lui-même ne nous appartient pas en propre.

6. L'individu a beau parler de liberté, ses propos ne vont pas au-delà d'eux-mêmes, limité comme il l'est de toutes les façons par la machine. Dès l'origine, l'Occidental subit contraintes, entraves, répressions. Il n'a d'autre spontanéité que celle de la machine, qui, sans pouvoir créateur, n'agit que si un agent extérieur la met en branle. Jamais elle n'agit en tant qu' « individu ».

7. L'individu n'est libre qu'en renonçant à être « individuel », qu'en se fondant dans le Tout. Plus exactement, il est libre quand il est lui-même tout en n'étant pas lui-même. Celui qui ne comprend pas cette contradiction apparente ne peut parler ni de liberté, ni de responsabilité, ni de spontanéité. C'est ainsi que la spontanéité occidentale, particulièrement celle dont parlent certains analystes, n'est rien d'autre qu'une spontanéité infantile ou animale et non celle d'un individu dans la plénitude de sa maturité.

8. Machinisme, behaviourisme, réflexe conditionné, communisme, insémination artificielle, automation, vivisection, bombe H, toutes ces choses sont intimement liées et forment les maillons puissamment soudés d'une chaîne logique.

9. L'Occident s'acharne à résoudre la quadrature du cercle. L'Orient s'efforce de rendre équivalents cercle et carré. Mais pour le Zen un cercle est un cercle, un carré un carré, bien qu'en même temps le carré soit un cercle et le cercle un carré.

10. La liberté est une donnée subjective, qui ne peut être interprétée objectivement. A l'essayer on s'embrouille dans d'inextricables contradictions. C'est pourquoi nous affirmons que parler de liberté dans ce monde objectif, qui nous limite de toute part, est pur non-sens.

11. Pour l'Occident « oui » est « oui », « non » est « non ». Jamais « oui » ne peut être « non » et *vice versa*. Pour l'Orient le « oui » glisse vers le « non » et le « non » vers le « oui ». Il n'y a pas, pour lui, d'opposition tranchée entre les deux. La nature même de la vie le veut ainsi. Ce n'est qu'en logique que l'opposition devient irréconciliable, or la logique n'est qu'un instrument construit par l'homme pour l'aider dans ses activités utilitaires.

12. L'Occident, quand il en vient à constater ce fait, élabore le genre de concept connu en physique comme complémentaire ou, s'il ne parvient pas à expliciter certain phénomène physique, comme principe d'incertitude. Cependant, quelle que soit son habileté à échafauder concept sur concept, il ne parvient pas à circonvenir les faits de l'existence.

13. La religion n'est pas ici notre propos ; toutefois, il serait intéressant de relever ceci : le christianisme, religion de l'Occident, parle du Verbe, du mot, de la chair, de l'incarnation et d'une orageuse temporalité. La religion de l'Orient lutte pour la désincarnation, le silence, l'absorption, la paix éternelle. Pour le Zen, l'incarnation est désincarnation. Le silence est grondant comme le tonnerre. Le Mot est non-Mot, la chair non-chair, ici et maintenant pareils au vide *(sunyata)* et à l'infini.

CHAPITRE II

L'inconscient dans le Bouddhisme Zen

L'inconscient tel qu'on l'envisage ici pourrait bien différer de ce que les analystes entendent par ce mot. Dans notre conception il prend un aspect « méta », voire » pré-scientifique », car contrairement au savant, l'homme du Zen aborde la réalité d'une manière pré-scientifique, peut-être même antiscientifique.

« Pré-scientifique » pour n'être pas le terme parfaitement adéquat n'en exprime pas moins ce qu'on peut entendre par là. Il en est de même pour « méta-scientifique ». Car le Zen, qui transcende les déductions de la science et de l'intellect, nous demande qu'avant de leur abandonner tout le champ de l'activité humaine nous nous interrogions sur la nature et la réalité profonde des choses.

L'étude scientifique de la réalité consiste à l'envisager sous un angle dit « objectif ». Par exemple, une fleur étudiée scientifiquement sera soumise à toute une série d'études diverses : botanique, chimique, etc. Après avoir rassemblé le résultat de ces diverses études, on le tiendra pour la connaissance exhaustive de la fleur. Ce qui caractérise donc la démarche scientifique, c'est le discours *à propos* d'un objet. Sa description extérieure. C'est le fait de tenir la somme des concepts et des abstractions qu'on a pu en tirer pour l'objet lui-même.

Reste à savoir si cette analyse minutieuse nous a restitué l'objet dans son intégrité. Nous affirmons qu'il n'en est rien. Quelque chose d'essentiel lui a échappé. Toutes ces formulations, appelées scientifiques, peuvent être suffisantes pour le maniement des objets dans la pratique de la vie, mais leur réalité profonde leur échappe. Il y a une autre manière d'aborder la réalité, avant ou après la science, c'est la manière Zen.

I

L'approche Zen de la réalité consiste à pénétrer droit au cœur de l'objet lui-même, à l'appréhender de l'intérieur tel qu'il est en lui-même. Connaître la fleur est devenir la fleur, fleurir comme elle et comme elle jouir du soleil et de la pluie. Alors la fleur nous parle, nous livre sa vie tout entière, telle qu'elle est, frémissante au plus profond d'elle-même. Outre cela, cette « connaissance » inclut celle de notre propre Moi, ce Moi qui notre vie durant a éludé toutes nos recherches car, fractionné par la dualité, nous étions devenu le chercheur et le cherché, l'objet et son ombre. Rien d'étonnant à ce que nous ne soyons jamais parvenu à Nous saisir ! Combien épuisant fut ce jeu !

En revanche, connaissant maintenant la fleur, nous connaissons notre Moi. C'est-à-dire nous-même absorbé dans la fleur, nous connaissons notre Moi aussi bien que la fleur.

Nous appelons une telle approche la voie du Zen, la voie pré, méta, voire antiscientifique.

Ce mode de connaissance ou de perception de la réalité peut être appelé aussi *volitif* ou *créateur*. Alors que la méthode scientifique tue, assassine l'objet et, après avoir disséqué son cadavre, s'efforce vainement, en réajustant ses morceaux, de reproduire le corps originel et vivant, la méthode Zen prend la vie telle qu'elle est vécue ; au lieu de la tailler en pièces et de tenter ensuite de la ressusciter en rafistolant ses débris à l'aide d'abstractions et de concepts, le Zen préserve la vie en tant que vie, nul bistouri ne la touche. Le poète Zen chante :

> Tout est laissé dans sa beauté naturelle
> Sa peau est intacte,
> Ses os, tels qu'ils sont.
> Nul besoin de peinture ou de fard.
> Elle est telle qu'elle est. Ni plus ni moins.
> Oh! merveille!

La science manie les abstractions en qui nulle activité ne vit. Le Zen se plonge dans la source de la créativité. Il s'abreuve à son contenu de vie. La fleur est inconsciente d'elle-même. C'est Moi qui l'éveille à la conscience. Voilà ce qui échappe à Tennyson, lorsqu'il arrache la fleur du mur lézardé. Voilà ce que saisit Basho, lorsqu'il la contemple timidement fleurie au pied d'une haie sauvage. Nous ne pouvons situer exactement l'inconscient. Est-il en nous ? ou dans la fleur ? Lorsque nous cherchons à le localiser, peut-être n'est-il nulle part. S'il en est ainsi, qu'il nous soit permis de vivre en lui sans rien en dire !

Le savant tue, mais l'artiste tente de recréer, car il sait que la réalité ne peut s'atteindre par la dissection. C'est pourquoi il tire sa création de son inconscient, et si, en toute vérité et sincérité, son inconscient s'identifie à l'Inconscient Cosmique, sa création sera authentique. Il aura réellement créé quelque chose. Son œuvre n'aura rien copié. Elle existera par elle-même. La fleur qu'il aura peinte parce qu'elle aura jailli de son inconscient sera une fleur nouvelle et non une imitation de la nature.

Un peintre célèbre chargé de peindre un dragon au plafond de la Salle de Méditation d'un temple Zen, se plaignait de ne pouvoir y réussir faute d'avoir jamais vu un dragon vivant. L'abbé du monastère lui conseilla de s'enfermer dans une cellule et de méditer sur le dragon jusqu'au moment où il le sentira vivre en lui, où il se sera fait lui-même dragon. Alors le dragon jaillira spontanément de son inconscient. Le peintre suivit le conseil de l'abbé. Après plusieurs mois de méditation, il se mit à peindre d'un seul jet le dragon que l'on peut encore admirer de nos jours au plafond de la Salle de Méditation du monastère de Myoshinji à Kyoto.

Une autre anecdote lui fait pendant. Un peintre chinois, qui désirait à toute force peindre un dragon, brûlait du désir d'en rencontrer un vivant. Un beau jour un dragon apparut à sa fenêtre : « Me voici. Peins-moi », dit-il au peintre, qui préféra s'évanouir de terreur et ne put jamais peindre le moindre dragon ! Voir ne suffit pas. L'artiste doit vivre de la vie des choses. Thoreau fut, dit-on, un bien meilleur naturaliste que les professionnels. Il en fut de même pour Gœthe.

Peut-être l'opposition « toi » et « moi » est-elle exacte mais nous ne pouvons l'affirmer en toute vérité car à peine l'avons-nous dite que le « moi » s'identifie au « toi » et le « toi » au « moi ». Le dualisme ne peut exister qu'unifié dans une réalité qui le dépasse.

La science prospère grâce au dualisme. C'est pourquoi le savant s'efforce de réduire toute chose à des mesures quantitatives. Il invente pour cela toutes sortes de moyens et d'artifices mécaniques. La Technologie est la note dominante de la culture moderne. Tout ce qui ne peut être réduit à des mesures quantitatives est rejeté comme non scientifique ou préscientifique. Les savants établissent un certain ensemble de règles et écartent tout ce qui leur échappe comme n'appartenant pas à leur champ d'études. Quelle que soit la finesse des mailles de leurs filets, aussi longtemps qu'existeront des mailles, on peut être certain que quelque chose leur échappera, et ces choses ne sont d'ailleurs nullement mesurables. Les quantités sont destinées à être indéfinies. La science sera bien obligée de reconnaître son impuissance à capter la Réalité. L'inconscient se situe hors du champ des études scientifiques. Ainsi donc tout ce que les savants sont capables de faire, c'est de signifier l'existence d'un tel champ. C'est un rôle suffisant pour la science.

L'inconscient doit être senti dans le sens fondamental du terme, c'est-à-dire ni par une perception sensorielle ni même par une perception plus globale d'ordre sentimental, mais par la perception primordiale qui est celle de l'état « d'innocence édénique » qui précède le moment où la conscience s'éveille et se sépare de la Nature soi-disant chaotique. La Nature paraît chaotique dans le fait qu'elle est le réservoir d'infinies possibilités. La conscience, émergée de ce soi-disant chaos, n'est qu'une chose superficielle n'effleurant que la frange de la réalité. Notre conscience n'est rien d'autre qu'un insignifiant îlot flottant sur un océan, mais de ce petit observatoire il nous est donné de percevoir l'immensité de l'inconscient lui-même. Cette perception est tout ce que nous avons, mais c'est déjà beaucoup, car elle nous fait comprendre que notre vie fragmentaire possède un sens plénier. Ce qui nous donne la certitude apaisante que notre vie n'est pas chose vaine. La science, par définition, est incapable de nous donner cette sécurité, cette tranquillité, cette assurance, qui sont l'épanouissement de notre sentiment de l'inconscient.

On ne peut demander à chacun de devenir savant, mais par nature nous sommes tous capables d'être des artistes, non pas au sens étroit du mot, peintre, sculpteur, musicien, poète, mais au sens large, artiste de la vie. Cette qualification peut nous paraître curieuse, mais, en fait, nous sommes tous nés « artistes de la vie ». Vérité que beaucoup méconnaissent et qui répond sans ambiguïté à la plupart des questions qu'ils se posent sur le sens de la vie, le néant, l'au-delà. Il n'est pas utile de souligner le côté pathologique de cette attitude. Mais l'homme du Zen peut rappeler cette vocation innée d'artiste créateur de vie, trop rapidement oubliée. Le comprendre, c'est guérir névroses, psychoses et autres troubles analogues.

2

Que signifie « artiste de la vie » ?

Tout artiste, pour s'exprimer et manifester sous quelque forme que ce soit ses dons créateurs, a besoin d'instrument. Pour imprimer son idée dans la matière par exemple, le sculpteur a besoin d'argile, de pierre ou de bois, d'un ciseau ou d'un burin.

Mais pour l'artiste de la vie, nul besoin de chercher hors de lui-même. Son être total — corps et esprit — sera la matière et l'instrument de son travail. A l'aide de tout ce qui réside en lui dès sa naissance et peut-être depuis bien avant sa naissance, il façonnera sa personnalité. Il lui donnera le sens d'une liberté croissante, d'un dépassement sans cesse plus élevé de toutes les formes de conventions et de motivations inhibitrices.

Ainsi libéré de la prison étroite d'une vie égocentriste, cet homme pourra se libérer totalement et atteindre à cette liberté de l'esprit qui souffle où il veut. Un grand maître Zen de la dynastie Tang disait :

> Ne nous est-il pas permis d'appeler cet inconnu l'Inconscient Cosmique, la source d'un pouvoir infini de création, dont non seulement les artistes de toutes disciplines tirent leur inspiration, mais dont nous-même, hommes ordinaires, et chacun selon nos capacités naturelles, tenons le don de transformer notre vie en œuvre d'art originale ?

Pour que cela puisse se faire, il faut que d'une manière quelconque cet inconnu que l'on dit relié à notre esprit ne soit pas d'une nature différente de lui mais au contraire ne soit que son prolongement voilé à notre regard. Cette sensation d'une limitation supposée de notre esprit, due à notre aveuglement, nous plonge dans le malaise et la crainte. Mais à peine avons-nous compris que notre conscience fait partie intégrante de cet illimité voilé, à peine sommes-nous parvenu à nous relier à lui que nous voilà délivré de tout conflit, en paix avec nous-même et avec l'univers.

Ces paroles de Dogo, maître de la dynastie des Tang, pourront nous faire comprendre ce qu'il faut entendre par là. Un jeune disciple qui était à son service depuis un certain temps déjà, se plaignait de n'avoir jamais reçu d'enseignement. Le maître lui répondit qu'il n'avait jamais cessé de l'instruire et comme le disciple s'étonnait, Dogo lui dit : « Le matin vous me saluez et je vous rends votre salut. Vous m'apportez mon repas et je le mange avec reconnaissance. Je n'ai cessé de vous enseigner par là l'essence même de l'Esprit ! » Cela parut plonger le disciple dans de profondes réflexions : « Arrêtez », lui dit aussitôt le maître, « à peine y réfléchissez-vous qu'il n'est plus là. Sans raisonner, sans hésiter, saisissez-le directement ». Ces paroles furent, dit-on, l'éveil du Satori pour le jeune disciple.

Il suffit d'un peu de vérité Zen dans notre vie pour transformer sa monotonie et sa banalité en œuvre d'art débordant de créativité intérieure.

Cela domine toute étude scientifique de la réalité. Cela, tout l'arsenal scientifique est incapable de le prendre dans ses filets.

L'inconscient au sens Zen est le mystère, l'inconnu. Par cela même, il n'est pas scientifique ou il est préscientifique. Ce qui ne veut pas dire qu'il est hors d'une atteinte consciente et que nous ne sommes pas concernés par lui. Il est, au contraire, ce qui nous est le plus intime, et c'est à cause même de cette intimité que nous ne pouvons pas le saisir : l'œil ne peut se saisir lui-même. Il faut, donc, un entraînement particulier pour rendre la conscience consciente de l'inconscient.

Etiologiquement parlant, au cours de l'évolution, le conscient a émergé de l'inconscient. La Nature poursuit son chemin, inconsciente d'elle-même, mais l'homme conscient s'éveille. Le passage au conscient est un saut, mais un saut ne peut signifier une déconnexion au sens physique du terme. Car la conscience est en communication constante, ininterrompue, avec l'inconscient, sinon ce dernier ne pourrait fonctionner. Il perdrait le fondement même de son opération. Voilà pourquoi le Zen déclare que le Tao est notre « esprit quotidien ». Le Zen désigne évidemment par « Tao » l'inconscient, toujours à l'œuvre dans notre conscient. Ce *mondō* (question et réponse) peut nous aider à comprendre quelque peu l'inconscient selon le Zen. Un moine demanda à un maître Zen ce qu'il entendait par « notre esprit quotidien », il reçut cette réponse : « Quand j'ai faim, je mange. Quand j'ai sommeil, je dors. »

On peut s'étonner que le Zen associe cet inconscient hautement entraîné, ce précieux agent transformateur de notre vie, à des actes depuis longtemps laissés au domaine des réflexes instinctuels selon le principe de l'économie mentale. Nous préférerions le voir associé à des performances plus spectaculaires du comportement de l'esprit humain : tel par exemple aux réflexes foudroyants de l'escrimeur japonais, acquis au prix d'années d'apprentissage. Il semble étrange que le Zen fasse de ces actes, qui sont aussi le partage des espèces animales les plus basses, l'enjeu des efforts d'un homme pleinement épanoui.

Voyons donc quelques différences essentielles entre l'inconscient « instinctuel » et l'inconscient hautement « exercé ».

Bankei, l'un des grands maîtres Zen du Japon moderne, professait la doctrine du « Non-né ». Il soulignait les faits de notre expérience quotidienne : entendre un chant d'oiseau ou voir une plante en fleur, par exemple, en affirmant que ce qui nous permettait cela était la présence en nous du Non-né. Il concluait en disant que tout *satori* (1), quel qu'il soit, devait être basé sur cette expérience et sur nulle autre.

Superficiellement, cela semblerait établir une identification entre le domaine des sens et le Non-né hautement métaphysique. C'est vrai d'un côté, mais non d'un autre.

Le Non-né de Bankei est la racine de toutes choses. Outre le domaine sensoriel de l'expérience quotidienne, il inclut la totalité de la réalité passée, présente et future. Il remplit de sa présence les dix régions du cosmos. Notre « esprit quotidien », notre expérience quotidienne, nos actes instinctifs, considérés en eux-mêmes, sont dépourvus de valeur et de signification particulière. Ils n'en acquièrent que par référence au Non-né ou à ce que nous avons nommé « l'Inconscient Cosmique ». Car le Non-né est la source initiale de toutes les possibilités créatrices. Il en résulte que, si nous mangeons, ce n'est pas nous qui mangeons, mais le Non-né ; si fatigués, nous dormons, ce n'est pas nous encore, mais le Non-né.

(1) Voir *infra*, p. 53, et aussi *Essays in Zen Budhism*, first series, pp. 227 et suiv.

Aussi longtemps que l'inconscient demeure instinctif, il ne dépasse pas celui de l'animal, ou du tout petit. Ce ne peut être celui d'un homme évolué. L'inconscient de ce dernier est l'inconscient bien entraîné, qui a intégré toutes les expériences traversées depuis l'enfance et devenues composantes de son être total. Pour cette raison, dans le cas d'un escrimeur, à peine a-t-il tiré son épée, que son savoir-faire, joint à la pleine conscience de la situation, recule à l'arrière-plan, et que son inconscient bien entraîné commence à jouer totalement son rôle. L'épée est maniée comme si elle était par elle-même douée d'une âme.

On peut affirmer peut-être que l'inconscient, en tant que relié au domaine des sens, est le résultat d'un long processus d'évolution dans l'histoire de la vie cosmique, qu'il est le partage de l'animal comme de l'enfant. Mais au cours de notre croissance, le développement intellectuel entre en jeu et le domaine des sens est envahi par l'intellect. L'ingénuité de l'expérience sensorielle est perdue. Nous sourions, ce n'est plus simplement un sourire : quelque chose s'y est ajouté. Nous ne mangeons plus comme nous le faisions dans notre enfance, une nuance d'intellectualité s'y mêle. Nous subissons tous en nous cette immixtion de l'intellect, et nos plus simples actes biologiques sont désormais entachés d'égocentrisme. Cela signifie qu'un intrus a envahi notre inconscient, et celui-ci ne peut plus animer directement le champ de notre conscience. Tous les actes confiés aux fonctions biologiques instinctuelles assument à présent le rôle d'actions conscientes et intellectualisées.

La mythologie biblique appelle cette métamorphose « perte de l'innocence » ou acquisition de la « connaissance ». Dans le Zen, et dans le Bouddhisme en général, elle est appelée « souillure affective » *(Kleshā)* ou « interférence de l'esprit conscient dominé par l'intellect » *(vijñāna)*.

Si, en toute sincérité, un homme dans la maturité de son esprit recherche une vie libre et spontanée, que peur, angoisse et insécurité ne puissent plus troubler, le Zen exige de lui qu'il se lave de cette souillure, qu'il se libère de cette interférence. Alors, cette libération accomplie, l'inconscient « exercé » animera le champ de la conscience et nous connaîtrons enfin ce que Bankei appelle le Non-né, et les maîtres chinois du Zen « l'esprit quotidien ».

3

A présent nous pouvons comprendre le conseil du maître Takuan à Yagyu-tajima-no-kami, un escrimeur, son disciple : conserver sans cesse un esprit « fluide ». Car, dit-il, s'il s'arrête jamais de couler, cela veut dire qu'il est entravé. Cette interruption est préjudiciable à son bien-être. Dans le cas d'un escrimeur, elle signifie la mort. La coloration affective obscurcit dans l'homme le miroir de la *Prajñā* originelle et la délibération intellectuelle entrave son activité naturelle. *Prajñā*, que Takuan appelle « l'inébranlable *prajñā* », est le moteur de tous nos mouvements tant intérieurs qu'extérieurs. Lorsqu'elle est entravée, l'esprit conscient l'est aussi et l'épée, détournée de l'activité libre, spontanée, naturelle, que lui communique l'inébranlable *Prajñā*, n'obéit plus qu'à la simple habileté technique acquise par la pratique consciente de l'art. *Prajñā* est l'inébranlable moteur qui opère inconsciemment dans le champ du conscient.

Lors d'un affrontement, l'escrimeur ne doit penser ni à l'adversaire, ni aux mouvements de son épée, ni à lui-même. Il se tient là, simplement, oublieux de toute technique, avec son épée qui ne fait qu'obéir aux impératifs de l'inconscient. En tant que manieur de l'épée, l'homme lui-même s'est effacé. Ce n'est plus lui qui frappe, mais l'épée au pouvoir de l'inconscient. On raconte que certains escrimeurs sont restés totalement inconscients d'avoir abattu leur adversaire.

En bien des cas, cette action de l'inconscient tient du miracle.

En voici un exemple : l'histoire des sept samouraïs.

Un film japonais, présenté sur les écrans européens, met en scène une épreuve infligée à des samouraïs sans emplois, afin de mesurer leur talent d'escrimeur. C'est une fiction, mais sans nul doute fondée sur un fait historique. Le promoteur de l'entreprise imagine un moyen pour éprouver la valeur de chaque guerrier. Il place derrière une porte que tout arrivant doit franchir, un jeune villageois armé d'un bâton. A peine un samouraï franchira-t-il le seuil de la maison, que le jeune homme frappera de son gourdin le nouveau venu et observera ses réactions.

Le premier fut totalement surpris et reçut le coup de plein fouet, dans toute sa force. Il ne passa pas le test. Le second esquiva le coup et frappa à son tour le jeune homme ; lui non plus ne fut pas jugé assez bon. Le troisième s'arrêta sur le seuil et avertit celui qui se tenait derrière la porte de ne pas se risquer à provoquer un guerrier parfaitement entraîné. Bien avant de l'avoir découvert, il avait senti la présence d'un ennemi dissimulé derrière la porte. C'était là le fruit d'une longue expérience que ce samouraï avait acquise pendant une vie agitée. Il se révéla être le candidat le plus qualifié pour accomplir la tâche pour laquelle on voulait l'employer.

Durant cette époque féodale, dans la vie quotidienne un samouraï devait être capable de faire front à tout péril imprévu qui pouvait survenir. Il semble que cette faculté de pressentir un ennemi caché se soit très efficacement développée. Même endormi, un samouraï se trouvait prêt à affronter un événement dangereux.

Nous ne savons s'il s'agit ici d'un sixième sens ou d'une forme de télépathie. L'escrimeur serait alors un sujet d'étude pour la parapsychologie.

Tout ce que nous pouvons en dire, c'est que les philosophes de l'escrime attribuent ce sens acquis par l'escrimeur à l'œuvre de l'inconscient éveillé en lui, après qu'il ait atteint un état d'oubli de soi, de non-intellectualité. Ils affirment que l'homme parvenu au plus haut degré de son art n'est plus dans l'état de conscience relative et ordinaire où il se sait engagé dans un combat à la vie ou à la mort, mais que sous l'effet de son entraînement, son esprit, devenu un miroir où se réfléchit la moindre pensée de son ennemi, lui révèle aussitôt où et comment frapper l'adversaire. (Pour être exact, il ne s'agit pas ici de connaissance, mais d'une intuition née dans l'inconscient.) L'épée fonce d'elle-même, presque automatiquement, sans parade possible car elle se dirige droit là où il ne se trouve pas en garde. L'inconscient de l'escrimeur est dit parvenu au total dépouillement du moi, en accord avec la « Raison du ciel et de la terre » et capable d'abattre ainsi tout ce qui n'est pas en accord avec cette raison. La maîtrise de la joute ou du combat n'appartient pas au plus rapide, au plus fort, au plus doué des combattants, mais à celui dont l'esprit est pur et dépouillé de son moi.

Que nous acceptions ou non cette explication, le fait est que le maître escrimeur possède ce qu'on peut désigner par l'inconscient. Cet état d'esprit s'obtient une fois qu'il a perdu la conscience de ses actes, et s'abandonne en tout à ce quelque chose qui ne relève plus de sa conscience au sens relatif du terme. Nous parlons de « quelque chose » ou de « quelqu'un », car pour désigner ce qui sort du domaine de la conscience ordinaire nous ne possédons pas de terme qui ne soit ou un terme négatif, X, ou bien celui d'inconscient. L'inconnu, ou X, est un terme trop vague et comme son mode de rapport avec la conscience fait que ce X s'accroît de toute l'adresse technique acquise consciemment, il me semble que, pour le désigner, le terme inconscient soit le mieux choisi.

4

Quelle est la nature de cet inconscient ? Fait-il encore partie du domaine de la psychologie prise, toutefois, dans le sens le plus large du terme ? Est-il relié d'une manière ou d'une autre à la source de tout ce qui existe tel que la « Raison du ciel et de la terre » ? Fait-il partie, selon les penseurs occidentaux, de l'ontologie ? Ou bien le nommerions-nous « Le grand miroir parfait de la Connaissance » *(ādarsanajñāna)*, comme le font parfois les maîtres Zen ?

On rapporte à propos de l'escrimeur Yagyu-tagima-no-kami, disciple de Takuan, l'histoire suivante. Elle peut n'avoir que peu de rapport avec l'inconscient tel que nous venons de le définir mais son intérêt réside dans la preuve qu'elle apporte, qu'une faculté dite parapsychologique peut se développer à travers une certaine forme de discipline. Nulle preuve scientifique n'est venue appuyer cette histoire mais les annales anciennes et modernes des escrimeurs japonais abondent en faits de ce genre. Ce qui rend vraisemblable l'existence d'une telle intuition « télépathique » :

Un jour de printemps, Yagyu-takima-no-kami, dans son jardin, contemplait les cerisiers en pleine floraison. Il était profondément absorbé dans sa contemplation. Soudain, derrière lui, il sentit la menace d'un *sakki* (1). Il se retourna, mais ne vit personne sinon le

(1) *Sakki* littéralement signifie « ambiance de meurtre ». Les escrimeurs souvent rapportent ce genre d'incident. C'est indescriptible. C'est une émanation sortie d'une personne ou d'un objet et ressentie intérieurement. On parle souvent d'épée imbibée de *sakki*, alors que d'autres inspirent crainte, respect, même bienveillance. On attribue cela au caractère de l'artiste qui a forgé l'épée, car une œuvre d'art

jeune page qui l'escortait en portant son épée. Yagyu ne put repérer la source d'où émanait le *sakki*, ce qui le troubla fort. Car au cours de son long entraînement, il avait acquis ce sixième sens qui lui permettait de détecter immédiatement une telle présence.

Il se retira aussitôt dans ses appartements pour tenter de résoudre cette énigme qui le tourmentait beaucoup, car jusqu'ici il ne s'était jamais trompé lorsque, en présence d'un *sakki*, il lui avait fallu le détecter et le localiser.

Sa contrariété paraissait si grande que nul de ses serviteurs n'osait lui en demander la raison.

Finalement, le plus âgé d'entre eux vint lui demander la raison de son trouble. Etait-il malade ? N'avait-il pas besoin d'aide ? « Non », dit le seigneur. « Je ne suis pas malade, mais dans le jardin j'ai éprouvé une chose étrange, qui dépasse mon entendement. Je réfléchis à cette affaire. » L'histoire s'étant répandue parmi les serviteurs, le jeune page, tout tremblant, vint trouver Yagyu et lui avoua ceci : « Voyant Votre Seigneurie absorbé dans la contemplation des cerisiers en fleur, je me suis mis à penser : si habile à manier l'épée que soit notre seigneur, si en ce moment je le frappais par derrière, il ne pourrait se défendre. Sans doute, ma pensée secrète fut-elle perçue par Votre Seigneurie. » Après cette confession, le jeune page s'attendit à être châtié pour cette pensée malséante. Mais le mystère éclairci, Yagyu, satisfait de constater que son sentiment ne l'avait pas trompé, ne fut pas d'humeur à châtier son jeune et innocent offenseur.

reflète l'esprit de l'artiste et, au Japon, l'épée n'est pas seulement une arme meurtrière, mais une œuvre d'art. Le *sakki* émane aussi d'une personne qui désire ouvertement ou secrètement tuer quelqu'un. Il est dit flotter au-dessus d'un détachement de soldats qui part à l'attaque.

CHAPITRE III

Le concept du Moi dans le Bouddhisme Zen

La manière dont le Zen aborde la réalité, qu'on pourrait définir comme pré-scientifique, se montre parfois antiscientifique, en ce sens que le Zen se meut dans une direction totalement opposée à celle de la science. Ce qui ne veut pas dire nécessairement que le Zen soit opposé à la science, mais simplement que pour comprendre le Zen, il est nécessaire de prendre une attitude jusqu'ici ignorée ou négligée par les savants comme n'étant pas scientifique.

Toute science est centrifuge, extrovertie. Elle traite « objectivement » la matière dont elle fait son étude. La position adoptée par la science est d'éloigner d'elle-même l'objet de son étude, de ne jamais tenter de s'identifier à lui. Même lorsqu'il s'agit de regarder en soi, dans un but d'introspection, les savants ont souci de projeter à l'extérieur ce qui est à l'intérieur, et se rendre ainsi étrangers à eux-mêmes, comme si ce qui leur était intérieur ne leur appartenait pas en propre. Ils redoutent grandement d'être « subjectifs ». Mais il faut nous rappeler que, tant que nous nous maintenons à l'extérieur de l'objet, nous lui restons étrangers et par cela même nous ne pouvons connaître de l'objet que des données *à propos* de lui, mais non pas l'objet en lui-même. Cela signifie que notre véritable Soi nous restera inconnu. C'est pourquoi les savants ne peuvent espérer atteindre le Soi, quelque désir qu'ils en aient! Sans nul doute, ils peuvent parler d'abondance *à propos* d'une chose, mais c'est là tout ce qu'ils peuvent faire. C'est pourquoi, si nous désirons vraiment entrer en contact avec le Soi, le Zen nous conseille de tourner le dos à la direction prise par la science. On dit que la vraie étude de l'humanité est l'homme. En ce cas, il faut prendre homme dans le sens de Soi, car l'Humain seul et non l'animal est capable de prendre conscience du Soi. L'homme qui n'aspire pas à la connaissance du Soi devra, je le crains, parcourir d'autres cycles de naissance-et-mort. Le « connais-toi toi-même » est connaître le Soi.

La connaissance scientifique du Soi, aussi longtemps qu'elle l'objectifie, n'en est pas une connaissance réelle. Il faut inverser la direction que poursuit la science. Il faut appréhender le Soi de l'intérieur et non de l'extérieur. Cela signifie qu'il doit être connu en soi sans sortir de lui-même. On peut objecter : « Connaître implique toujours une dichotomie, le connu et le connaissant. » Nous répondrons : « La connaissance de Soi n'est possible qu'en identifiant sujet et objet, c'est-à-dire en obtenant que l'étude scientifique s'arrête, renonce à tous ses appareils d'expériences et confesse qu'elle ne peut plus progresser à moins de se transcender elle-même par un bond miraculeux dans le royaume de la subjectivité absolue. »

Le royaume de la Subjectivité absolue est la demeure du Soi. « Demeure » n'est pas un terme parfaitement adéquat, car il ne suggère qu'un aspect statique. Mais le Soi est en perpétuel mouvement et devenir. Il est le zéro statique et en même temps infini, ce qui dénote son mouvement incessant. Le Soi est dynamique.

Le Soi est comparable à un cercle qui n'a pas de circonférence. Il est donc *Sunyata*, le Vide. Mais il est aussi le centre d'un tel cercle, situé partout et en tout point de ce cercle. Le Soi est ce point d'absolue subjectivité qui peut donner un sens d'immobilité et de placidité, mais comme ce point peut se déplacer en tout lieu, à l'infini, selon notre vouloir, il n'est en réalité en nul point. Le point est cercle et le cercle est point. Ce miracle, impossible en apparence, se produit au moment où la science, faisant volte-face, se tourne vers le Zen. En fait, c'est le Zen qui accomplit cette impossibilité.

Si le Soi se meut du zéro à l'infini et de l'infini au zéro, il ne peut être un objet d'étude scientifique. En tant qu'absolue subjectivité, il déjoue tous nos efforts de localisation objective. Evasif, insaisissable, il ne peut être d'aucune manière expérimenté scientifiquement. On ne peut le piéger par l'entremise d'aucune construction objective. Quelle que soit l'adresse scientifique qu'on y déploie, cela ne peut s'accomplir, car le Soi n'est pas de la nature des choses qui relèvent de sa sphère d'action. Le Soi, adapté convenablement, sait comment se révéler lui-même sans traverser un processus d'objectivation.

Nous avons fait allusion plus haut au livre récent de Denis de Rougemont, *L'aventure de l'homme occidental*. Dans cet ouvrage, l'auteur désigne comme trait caractéristique de la poursuite de la réalité par l'Occident la « personne » et « la machine ». Selon lui, la désignation de « personne » fut à l'origine sous les Romains un terme légal. Lorsque les érudits de la chrétienté commencèrent à se préoccuper du problème de la Trinité, ils donnèrent à ce terme un sens théologique, comme on peut le voir dans les désignations de « personne divine » et « personne humaine », ces deux réconciliées harmonieusement dans la personne du Christ. Tel que nous l'utilisons aujourd'hui, il revêt une nuance psychologico-morale avec toutes les implications historiques que cela comporte. Mais en fin de compte, le problème de la personne se ramène à celui du Soi. La personne, selon Denis de Rougemont, est dualiste par nature et elle est toujours confrontée à quelque conflit intérieur. Ce conflit, tension ou contradiction, constitue l'essence de la personne, et tout naturellement il en résulte qu'un sentiment de peur ou d'insécurité accompagne tous ses modes d'activité. On peut affirmer que c'est ce sentiment lui-même qui pousse la personne à commettre des actes incontrôlés de passion et de violence. C'est le sentiment qui est la source de toutes les activités humaines et non les difficultés dialectiques. La psychologie se place en premier lieu, ensuite viennent la logique et l'analyse, et non *vice versa*.

Selon Denis de Rougemont, il serait impossible pour les Occidentaux de transcender ce dualisme, inhérent à leur personnalité même, aussi longtemps qu'ils s'accrochent à leur tradition historico-théologique d'un Dieu-Homme ou d'un Homme-Dieu. La conséquence de ce conflit dualiste dans leur inconscient et du sentiment de malaise qui en résulte pousse les Occidentaux à s'aventurer dans le temps comme dans l'espace. Ils ne sont pas introvertis, mais totalement extravertis. Au lieu d'appréhender par l'intérieur la nature de leur individu et d'en prendre possession, ils s'efforcent de résoudre objectivement le conflit dualiste qu'ils rencontrent sur le plan de l'intellectualisme. Quant à la personne elle-même, je citerai Denis de Rougemont :

« La personne est question et réponse. Elle est action et non fait ou objet, et une analyse complète des faits et objets n'en apportera jamais une preuve irréfutable » (p. 50).

« La personne n'est jamais localisée ici ou là, mais en action, en tension, en élan impétueux — plus rarement comme une source d'équilibre heureux tel qu'une fugue de Bach nous en donne l'impression » (p. 55).

Cela paraît subtil. La personne est réellement telle que l'a décrite Denis de Rougemont et en corrélation avec ce que les bouddhistes affirment de l'*atman*. « En route pour la dissolution *(visankara)*. » Mais ce qu'un mahayaniste serait porté à demander à l'auteur de ces citations, est : « Qui êtes-*Vous*, vous qui énoncez toutes ces choses subtiles du point de vue conceptuel ? Nous voudrions vous interroger, *vous* personnellement, concrètement, existentiellement. Lorsque *vous* dites « aussi longtemps que je vis, je vis en contradiction », qui est ce « Je » ? Lorsque vous nous dites que la fondamentale antinomie de la personne doit être surmontée par la foi, qui est *celui* qui adhère à cette foi ? Qui est *celui* qui expérimente cette foi ? Derrière foi, espérance, conflit, conceptualisation, il doit y avoir un *homme* vivant qui met cela en œuvre ? »

Voici l'exemple d'un moine Zen qui, touchant du doigt la personne directement, concrètement, l'a fait voir à son interlocuteur. Ce moine, connu plus tard sous le nom de Obaku Ki-un (mort en 850) fut un des grands maîtres Zen de la dynastie T'ang.

Un gouverneur du district visitait un jour un monastère placé sous sa juridiction. L'abbé le promena à travers les différentes parties du monastère. Finalement, ils arrivèrent dans une salle où se trouvaient exposés les portraits des différents abbés et le gouverneur, désignant l'un d'entre eux, demanda à l'abbé : « Qui est celui-là ? » L'abbé répondit : « Feu notre dernier abbé. » La question suivante du gouverneur fut : « Je vois bien son portrait, mais où est la personne ? » C'était plus que n'en pouvait répondre l'abbé. Toutefois, le gouverneur insista et l'abbé désespérait de trouver parmi les gens de son escorte quelqu'un qui fût capable de répondre au gouverneur. Il se rappela soudain un étrange moine arrivé depuis peu au monastère et qui passait le plus clair de son temps libre à balayer la cour et à la tenir méticuleusement propre. Il pensa que cet étranger, selon toute apparence un moine Zen, serait capable de répondre au gouverneur. Le moine fut convoqué et présenté au gouverneur. Celui-ci, s'adressant respectueusement au moine, lui dit :

« Vénérable, ces messieurs ici présents semblent malheureusement peu pressés de répondre à ma question. Serez-vous assez bon pour le faire ? » « Quelle est votre question ? », lui demanda le moine. Le gouverneur, après lui avoir raconté ce qui s'était passé, répéta sa question : « Je vois bien ici le portrait du défunt abbé, mais la personne, où est-elle ? »

Aussitôt le moine appela à voix haute : « Ho ! Gouverneur! »

Le gouverneur répondit : « Oui, Vénérable! »

« Où est-elle ? » Ceci fut la solution donnée par le moine au problème du gouverneur.

Les hommes de sciences, théologiens et philosophes inclus, recherchent l'objectivité et fuient la subjectivité, quelle que puisse en être la signification. Ils croient fermement qu'un fait n'est vrai que dans la mesure où il a été évalué et estimé objectivement et pas seulement expérimenté subjectivement et personnellement. Ils oublient qu'un individu *vit* toujours une vie personnelle et non une vie conçue en termes scientifiques ou conceptuels. Si exactement, objectivement ou philosophiquement qu'une définition puisse avoir été établie, ce n'est pas elle qui est vécue par l'individu, mais la vie elle-même, et c'est cette vie-là qui fait l'objet de l'étude humaine. Il n'est question ici ni d'objectivité, ni de subjectivité. Ce qui nous concerne le plus impérieusement est de découvrir par nous-même où se place la vie et comment elle est vécue. Celui qui se connaît lui-même ne se complaît jamais dans la théorie, jamais n'écrit de livres, jamais ne se laisse aller à vouloir enseigner autrui. Il vit toujours sa propre vie, sa vie unique, libre et créatrice. Qu'est-elle ? Où est-elle ? Le Soi se connaît lui-même de l'intérieur et jamais de l'extérieur.

Comme nous le montre l'histoire d'Obaku et du Gouverneur : en général, satisfait par la ressemblance d'un portrait et nous représentant l'*homme* mort, il ne nous vient pas à l'idée de poser la question du gouverneur : « Voici le portrait, mais la personne, où est-elle ? » Pour traduire en termes modernes l'esprit de cette histoire : « L'existence (personne incluse) est soutenue par une continuelle invention de solutions relatives et de compromis utiles. » L'idée « naissance-et-mort » est une solution relative et peindre un portrait, une sorte de compromis sentimentalement utile. Mais quant à la présence authentique d'une personnalité vivante, il n'y a là rien de ce genre, d'où la question du gouverneur : « Où est la personne ? » Obaku était un moine Zen, et sans perdre du temps, par un appel : « Ho! Gouverneur! » il le réveilla du monde onirique des concepts et la réponse vint aussitôt : « Oui, Vénérable. » Nous pouvons voir ici la personne intégrale jaillir des cloisons de l'analyse, de l'abstraction, de la conceptualisation. Une fois cela compris, nous connaissons ce qu'est la personne, où elle réside et où réside le Soi. Si la personne s'identifie à la simple action, on obtient non pas une personne vivante, mais une personne intellectualisée, ce n'est pas *mon* Moi, ce n'est pas votre Soi.

Un moine interrogea un jour Joshu Jushin (778-897) : « Quel est mon Moi ? » Joshu lui demanda : « Avez-vous mangé votre gruau ce matin ? » « Oui, j'ai fini. » Joshu lui dit alors : « En ce cas, lavez votre bol. » Manger est un acte. Laver en est un autre. Mais ce que le Zen réclame c'est l'acteur lui-même, le mangeur qui mange, le laveur qui lave (celui-là qui mange et celui-là qui lave) et tant que la personne elle-même n'a pas été existentiellement ou expérimentalement appréhendée, on ne peut parler de l'action. Qui est celui qui a conscience d'agir, et quel est celui qui vous transmet ce fait de conscience ? Et qui êtes-vous, vous qui racontez tout ceci non seulement à vous-même, mais aux autres. « Moi », « toi », « il ou elle » ou « cela » ne sont que pronoms tenant lieu d'un quelque chose qui se tient derrière eux. Quel est ce quelque chose ?

Un autre moine demanda à Joshu : « Quel est mon Moi ? » Joshu répondit : « Voyez-vous le cyprès dans la cour ? » Ce que le maître Joshu veut désigner, ce n'est pas le regardé, mais le regardant. Si le Soi est l'axe autour de quoi s'enroule la spirale et qu'il ne puisse jamais être ni objectifié, ni matérialisé, il n'en est pas moins présent. C'est lui que le Zen nous enjoint de saisir avec nos mains nues et de montrer au maître ce qu'on ne peut saisir ni objectifier, ni atteindre (en japonais *fukatoku*, chinois *pu-ko-te*, sanscrit *anupalabdha*). Comme nous pouvons le constater, ici réside l'antinomie entre science et Zen. Toutefois, rappelons-nous que le Zen n'a aucune objection contre une appréhension scientifique de la réalité. Il veut simplement montrer aux hommes de science qu'il en est une autre qu'il affirme plus directe, plus intérieure, plus réelle et plus personnelle. Les savants peuvent bien l'appeler subjective, mais elle ne l'est pas selon l'acception qu'ils donnent à ce terme.

Personne, individu, Soi et ego, nous employons ici ces termes comme synonymes. La personne est morale ou volitive, l'individu s'oppose à toute forme de groupement, l'ego est psychologique, le Soi est à la fois moral et psychologique et possède en outre une implication religieuse. Du point de vue Zen, ce qui caractérise essentiellement et psychologiquement l'expérience du Soi est qu'elle déborde d'un sentiment d'indépendance, de liberté, de détermination personnelle et d'une incessante créativité. Hokoji demanda à Baso Do-ichi (mort en 788) : « Qui est celui qui se tient solitaire, sans un seul compagnon parmi les dix mille choses *(dharma)* ? » et Baso répondit : « Je vous le dirai après que vous aurez avalé d'une gorgée la rivière de l'Ouest. » Telle est la forme d'accomplissement que le Soi ou la personne réalise. Tous ces psychologues et théologiens qui parlent du faisceau de nos perceptions ou impressions successives, ou du principe de l'unité ou de la totalité dynamique de l'expérience subjective, ou de l'idée, ou de l'axe non existentiel des activités humaines curvilignes, tous se précipitent dans la direction opposée au Zen. Plus ils courent vite, plus on peut affirmer que la logique et la science sont objectifs et centrifuges, et le Zen subjectif et centripète.

On a fait cette remarque : « Tout ce qui est extérieur à l'individu le persuade qu'il n'est rien. Tout ce qui lui est intérieur le persuade qu'il est tout. » Parole remarquable, car tel est bien le sentiment de chacun d'entre nous, lorsqu'il se tient en repos et regarde dans les plus profondes retraites de son être. Là quelque chose s'anime et lui murmure à voix basse qu'il n'est pas né en vain. En outre, j'ai lu ceci : « Seuls vous êtes éprouvés. Seuls vous trouverez le désert. Seuls vous passez par le crible du monde. » Mais qu'un homme regarde en lui en toute sincérité, il réalisera qu'il n'est pas solitaire, ni abandonné, qu'il n'est pas dans la déréliction. Il y a en lui comme un sentiment d'unicité royale, généreuse, fondé dans sa singularité et cependant relié au reste de l'existence. Cette situation, en apparence ou objectivement contradictoire, se produit lorsqu'il aborde la réalité selon la voie du Zen. Ce qui lui donne un pareil sentiment, c'est son pouvoir créateur, ou son originalité, expérimenté personnellement. Pouvoir qui lui permet de transcender le royaume de l'intellectualité et de l'abstraction. Et ce pouvoir créateur diffère du simple dynamisme. Il est la marque distinctive de cet agent d'autodétermination appelé le Soi.

La personnalité est un facteur important en ce qu'elle délimite le Soi, mais ce terme revêt une nuance plus politique et éthique et intimement liée à l'idée de responsabilité. La personnalité appartient au royaume des relativités. Elle est susceptible de s'associer à l'autocratisme. Elle demeure toujours consciente des autres et dans cette mesure contrôlée par eux. Quand l'individualité s'exaspère, le sentiment de la tension des limitations réciproques prédomine. La liberté ne règne plus, ni la spontanéité. Un lourd climat opaque d'inhibition, de frustration, d'oppression se fait accablant, et donne naissance à toute une variété de troubles psychologiques.

Individuation est un terme objectif qui indique la discrimination des êtres. Lorsque la discrimination se fait exclusive, la volonté de puissance se manifeste et souvent devient incontrôlable. Si elle n'est que modérée, ou plus ou moins négative, elle rend extrêmement vulnérable aux remarques et aux critiques. Cette vulnérabilité nous jette parfois dans les fers du plus misérable des esclavages, nous rappelant le *Sartor Resartus* de Carlyle. La philosophie du vêtement est celle du monde des apparences, où chacun s'habille pour autrui, afin d'apparaître différent de ce qu'il est lui-même. Cela ne manque pas d'intérêt, mais celui qui pousse la chose trop loin perd toute originalité, se couvre de ridicule, et se métamorphose en singe.

Lorsque cet aspect du Soi s'accroît au point de prédominer d'une façon dictatoriale, le Soi réel est refoulé et souvent réduit à l'état de non-entité, ce qui équivaut à la suppression. Nous connaissons ce que veut dire cette suppression. Car l'inconscient créateur ne peut jamais être supprimé. D'une manière ou de l'autre, il devra se manifester et s'il ne peut y arriver selon ses voies propres, il brisera toute barrière, tantôt violemment, tantôt pathologiquement, mais dans ces deux cas le vrai Soi est irrémédiablement détruit.

Cet état de choses tourmentait le Bouddha et pour nous tirer du rêve des apparences, il prêchait la doctrine de l'*annatta* ou *niratman*, ou non-ego. Toutefois, la manière un peu négative dont le Bouddha avait présenté sa doctrine ne satisfaisait pas entièrement le Bouddhisme Zen, et pour épargner aux disciples toute errance dans leur recherche de la réalité, il entreprit de démontrer cette doctrine de la façon la plus directe et la plus affirmative possible. Prenons un exemple tiré de Rinzai Gigen (mort en 867).

Un jour, Rinzai prêcha ceci : « Dans ce bloc de chair nue, il y a un homme véritable, sans aucun rang, qui entre et sort par les grilles de votre visage (c'est-à-dire les organes des sens). Pour ceux qui n'ont pas encore témoigner (de ce fait) : Regardez, regardez! »

Un moine s'étant approché, demanda : « Quel est cet homme sans aucun rang ? »

Rinzai descendit de son siège et empoigna le moine par la gorge en disant : « Parle, parle. »

Comme le moine hésitait, Rinzai lâcha prise : « Quel misérable bâton d'ordure! », dit-il (1).

« L'homme véritable sans aucun rang » est l'expression de Rinzai pour désigner le Soi. Son enseignement tourne presque exclusivement autour de cet Homme ou Personne, parfois appelé « L'homme de la voie » (*donin* ou *tao-jen*). On peut affirmer que dans l'histoire de la pensée chinoise, Rinzai est le premier maître Zen à avoir insisté sur la présence de cet Homme dans toutes les activités humaines. Inlassablement il encourageait ses disciples à parvenir à la réalisation de cet Homme ou Soi réel. Le Soi réel est un soi métaphysique opposé au soi psychologique ou éthique qui appartient au monde limité du relatif. L'Homme de Rinzai est défini comme « sans rang », « indépendant », « sans vêtement » (2). Tous ces termes nous font penser au Soi « métaphysique ».

Après cette remarque préliminaire, je voudrais citer plus longuement les considérations de Rinzai sur l'Homme ou Personne ou Soi, car j'estime qu'il s'est exprimé à ce sujet d'une manière péremp-

(1) Littéralement « un bâton séché d'ordure », J. *Kanshiketsu* (en chinois *Kan-Che-Tsiue*) *kan* = sec, *che* = ordure, *ketsu* = bâton.

(2) *Mu-ye* (J.) et *wu-yi* (ch.) signifie indépendant aussi bien que « sans vêtement », *Ye* dans le premier cas signifie « dépendant », dans le deuxième « vêtements ».

toire et définitive, qui peut nous aider à comprendre le concept du Soi selon le Zen.

Rinzai parle du Soi ou de l'Unique qui en ce moment se tient en face de nous solitaire, illuminant, dans la plénitude de sa conscience, attentif à ce discours sur le Dharma (1).

I

Après avoir parlé sur le Triple Corps du Bouddha *(Trikaya)*, Rinzai poursuivit : Tout ceci, j'en suis certain, ne sont que des ombres. O Vénérables! il vous faut reconnaître l'Homme *(jen)* qui joue avec ces ombres et qui est la source de tous les Bouddhas et le refuge des disciples de la Voie où qu'ils se trouvent.

Ce n'est ni votre corps physique, ni votre estomac, ni votre foie, ni vos reins, et ce n'est pas non plus le vide de l'espace qui expose le Dharma et qui l'écoute. Quel est celui qui comprend tout cela ? C'est l'Unique qui se dresse en face de vous dans la plénitude de sa conscience, dans une forme indivisible, dans une splendeur solitaire. Cet Unique sait comment parler sur le Dharma et comment l'écouter.

Si vous parvenez à voir cela, vous ne différez en rien des Bouddhas et des Patriarches. Celui qui comprend cela traverse sans interruption toutes les périodes du Temps. Il est dans tous les lieux que nos yeux peuvent atteindre. Seuls nos obstacles affectifs entravent notre intuition. Seules nos imaginations morcellent la réalité. Pour cela, souffrant une variété de maux, nous transmigrons à travers les trois mondes. Selon mon point de vue, rien n'est aussi profond que (cet Unique) ; c'est par lui que chacun de nous peut obtenir sa délivrance.

O Disciples de la Voie! l'esprit est sans forme et pénètre les dix régions. Avec les yeux, il est la vue, avec le nez, l'odorat. Avec la bouche il argumente, avec les mains il saisit, avec les jambes il déambule.

2

O Disciples de la Voie! l'Unique qui en ce moment même, dressé face à nous, lumineux, solitaire, et dans la plénitude de sa

(1) La traduction suivante est tirée des « Dits de Rinzai » ou *Rinzai Roku*.

conscience, écoute (ce discours sur le Dharma), où qu'il puisse être, cet Homme ne s'attarde en aucun lieu. Il traverse les dix régions de l'univers. Il est maître de lui-même dans les trois mondes. Il ne s'écarte jamais (de ce qu'il est).

Dans l'éclair d'une pensée, il pénètre à travers le monde du Dharma. S'il rencontre Bouddha, il parle en Bouddha. S'il rencontre un patriarche, il parle en patriarche, s'il rencontre un arhat, il parle en arhat ; s'il rencontre un fantôme famélique, il parle en fantôme famélique.

Tourné dans toutes les directions, il parcourt tous les pays et se voue à l'enseignement de tous les êtres, et cependant même pas dans l'espace d'un éclair de pensée il ne se fait extérieur.

Où qu'il aille, il reste pur, indéterminé. Sa lumière pénètre les dix régions et les dix mille choses sont d'une seule ipséité.

3

Quel est le véritable entendement ?

C'est vous seul qui pénétrez tous ces états : l'ordinaire et le saint, l'impur et le pur. Vous seul pénétrez dans les terres du Bouddha, dans la tour de Maitreya, dans le monde du Dharma, de Vaïrochana. Où que vous pénétriez, vous manifestez une terre assujettie (aux quatre étapes du devenir) : venu à l'existence, maintien de l'existence, destruction et extinction.

Apparu dans le monde, Bouddha mit en branle la grande roue du Dharma et disparut dans le Nirvâna (au lieu de demeurer à jamais dans le monde comme les êtres ordinaires s'y seraient attendus). Cependant, il n'y a aucun signe de son va-et-vient. Si nous cherchons une trace de sa naissance-et-mort, il ne s'en trouve nulle part.

Pénétrant dans le monde du Dharma, du Non-né, il en parcourt toutes les contrées. Pénétrant dans le monde du Sein du Lotus, il voit que toute chose est faite de Vide et n'a nulle réalité.

Le seul être qui existe est l'Homme du Tao qui, sans dépendance aucune, en cet instant même, écoute mon discours sur le Dharma. Cet Homme est la Mère de tous les Bouddhas.

Ainsi, le Bouddha est né de ce qui est sans dépendance aucune. Quand on acquiert la compréhension de ce qui est sans dépendance aucune, on découvre que le Bouddha lui-même ne se peut obtenir.

Celui qui conquiert cette vision intérieure est dit posséder le véritable entendement.

Les érudits qui l'ignorent sont liés aux désignations et aux phrases. Ils restent figés par des noms tels que le vulgaire et le sage. Avec une vision de la Voie ainsi entravée, ils ne peuvent distinguer clairement (la Voie).

Même les douze parties de l'enseignement du Bouddha ne sont rien que paroles et formules (et non réalités). Les érudits, qui ne le comprennent pas, s'obligent à extraire un sens de mots et de phrases. Comme ils se trouvent dans la dépendance de quelque chose, ils s'embrouillent inextricablement dans la causalité et ne peuvent échapper au cycle des naissances-et-morts dans les trois mondes.

Si vous cherchez à transcender naissance-et-mort, allée-et-venue, pour être libres de tout lien, il vous faut reconnaître l'Homme qui en ce moment même écoute ce discours sur le Dharma. Il est celui sans figure ni forme, sans tronc ni racines et qui, sans lieu où demeurer, est toute activité.

Il répond à toutes les situations, il exerce ses activités et cependant ne procède de nulle part. C'est pourquoi, à peine tentez-vous de le rechercher, qu'il est parti au loin. Plus vous en approchez, plus il s'écarte de vous. « Secret » tel est son nom.

4

Seul l'Unique est. Celui qui se dresse face à tous ces disciples de la Voie, en ce moment même, écoutant mon discours sur le Dharma. Celui que le feu ne brûle pas, que l'eau ne peut noyer. Celui qui flâne comme dans un jardin, même s'il pénètre dans les trois chemins du mal ou dans le Naraka (1). Il est celui qui jamais ne souffrira d'aucune conséquence du Karma, même s'il pénètre dans le royaume des spectres faméliques ou dans celui des animaux. Pourquoi ? Parce qu'il ne connaît nulle condition à éviter.

Si vous aimez le sage et haïssez le vulgaire, vous serez englouti

(1) Naraka est l'enfer des bouddhistes.

dans l'océan de naissance-et-mort. Les passions mauvaises proviennent de l'esprit. Si vous n'avez pas d'esprit, quelle passion mauvaise pourrait vous enchaîner ? Lorsque ni l'attachement, ni la discrimination ne vous aveuglent, sans effort, immédiatement, vous atteignez la Voie. Aussi longtemps que vous courez, l'esprit égaré, parmi vos voisins, vous êtes voués à revenir dans le royaume de naissance-et-mort, quelle que soit la « quantité d'innombrables Kalpa » que vous aurez passé à vouloir maîtriser la Voie. Il vaut mieux retourner dans votre monastère et vous asseoir paisiblement, jambes croisées, dans la Salle de Méditation.

5

O Disciples de la Voie ! vous qui en ce moment même écoutez mon discours sur le Dharma, vous n'êtes pas ce quadruple élément (qui forme votre corps). Vous êtes ce qui utilise ce quadruple élément. Si vous pouviez voir cette (vérité), vous seriez libres dans votre allée-et-venue. Aussi loin que je regarde, il n'y a rien que je veuille rejeter.

6

Un jour, le maître prononça le sermont suivant :

Vous qui étudiez la Voie, il ne vous est demandé que d'avoir foi en vous-mêmes. Ne cherchez pas à l'extérieur. Sinon, vous serez tout bonnement entraînés par la futilité des apparences extérieures. Vous deviendrez incapables de discerner le vrai du faux. On a beau dire : Il y a le Bouddha, il y a les patriarches. Ce ne sont là que traces verbales abandonnées derrière le vrai Dharma. Si d'aventure, un homme se présente à vous, faisant étalage de mots, de phrases, dans la confusion de leur dualité vous voilà décontenancés et vous commencez à nourrir un doute. Ne sachant que faire, vous courez chez voisins et amis enquêtant dans toutes les directions. Vous voilà totalement perdus. Un homme de grand caractère ne gaspille pas son temps en discussions et propos oiseux, quant à l'hôte ou l'intrus, le vrai ou le faux, la substance et la richesse.

Tel que Je (1) me tiens ici, Je ne suis respectueux ni du moine,

(1) Dans ce sermon, le « Je » est mis ici pour l'Homme *(jen)* ou selon ma terminologie « l'Absolue Subjectivité ».

ni du laïc. Quiconque se présente à moi, je sais d'où provient le visiteur. Quelle que soit la position qu'il tente d'assumer, je sais qu'il se fonde invariablement sur des mots, attitudes, phrases, lettres. Rien qui ne soit rêve ou vision. Je ne considère que l'homme qui surgit assumant toutes les situations qui peuvent se présenter. C'est lui la trame mystérieuse de tous les Bouddhas.

L'état de Bouddha ne peut s'affirmer tel par lui-même. C'est l'Homme de la Voie *(tao-jen* ou *doin)* de non-dépendance qui surgit et assume cet état.

Si un homme vient à moi et me dit : « Je cherche le Bouddha », Je me révèle dans l'état de Pureté. Si un homme vient à moi et m'interroge sur le Bodhisattva, je me révèle dans l'état de compassion. Si un homme vient à moi et m'interroge sur la Bodhi (ou Illumination), je me révèle dans un état de Beauté transcendante. Si un homme vient à moi et m'interroge sur le Nirvâna, je me révèle dans l'état de paix sereine. Les états peuvent varier à l'infini, l'Homme ne varie jamais. C'est pourquoi il est dit : « Conforme à l'état, *il* (1) prend la forme. » Tels sur l'eau, les reflets variables d'une lune toujours pareille.

(Ici quelques mots d'explications sont nécessaires. Dieu, aussi longtemps qu'il demeure en lui-même, avec lui-même, et par lui-même, est subjectivité absolue, *sunyata*-même. Dès qu'il se meut, il devient Créateur et le monde se déroule dans ses états variables à l'infini : le Dieu originel ou la Déité n'a plus été abandonné dans sa solitude, à l'arrière-plan de la Création, mais habite dans la multiplicité des choses. C'est le raisonnement humain qui est temporalité, qui trop souvent nous fait oublier Dieu et le placer hors de notre monde de temps, d'espace et de causalité. En apparence, la terminologie bouddhique diffère grandement de la terminologie chrétienne, mais en approfondissant suffisamment leurs contenus, nous nous apercevons que ces deux courants se rencontrent et découlent de la même source.)

(1) « Il » est ajouté ici, car en chinois le sujet est généralement omis. « Il » équivaut à Réalité, l'Homme, la Personne, le Soi.

7

O Disciples de la Voie! c'est une nécessité urgente pour vous que de rechercher le véritable entendement, afin de pouvoir vous déplacer sans entraves à travers le monde, et de ne jamais être égarés par ces esprits sans humanité (que sont les faux maîtres Zen).

L'homme noble est celui qui ne se charge d'aucun fardeau, qui demeure dans l'état du non-agir. Rien de particulier ne souligne sa vie quotidienne. A peine vous tournez-vous vers l'extérieur, parmi vos voisins, à la recherche de vos propres membres (comme si vous ne les possédiez pas déjà), que vous commettez une faute. Vous vous efforcez de découvrir le Bouddha ; ce n'est rien de plus qu'un nom. Connaissez-vous l'Unique, qui erre ainsi à la recherche (de quelque chose, quelque part) ?

Dans le passé, présent et futur les Bouddhas apparaissent dans les dix régions du monde. Leur but n'est autre que la quête du Dharma. Tous les disciples de la Voie qui sont en ce moment à l'étude de la Voie, eux non plus n'ont pas d'autre but. S'ils la découvrent, leur tâche est accomplie. S'ils ne la découvrent pas, ils continueront encore et toujours à transmigrer par les cinq sentiers de l'existence.

Qu'est-ce que le Dharma ? Ce n'est rien d'autre que l'Esprit. L'Esprit est sans forme, il pénètre les dix régions de l'univers et ses activités se déploient devant nos yeux. Mais les gens ne le croient pas. Ils s'efforcent de le trouver parmi ses noms et phrases, s'imaginant qu'en eux réside le Bouddha-Dharma. Comme ils sont loin du but! Aussi loin que la distance entre ciel et terre.

O Disciple de la Voie ! De quoi pensez-vous que traitent mes sermons ? Ils ne traitent que de l'Esprit, qui pénètre le vulgaire comme le sage, l'impur comme le pur, le vil comme le précieux.

Le fait est que Vous (1) n'êtes ni le sage, ni le vulgaire, ni le précieux, ni le vil. C'est Vous-même qui donnez nom au précieux comme au vil, au vulgaire comme au sage. Mais le précieux ni le

(1) Ici comme plus haut « Vous » est employé dans le sens d'Esprit se manifestant lui-même dans « l'Homme » ; « Vous » et « l'Homme » sont interchangeables.

vil, le vulgaire ni le sage ne peuvent donner nom à cet Homme *(Jen)*.

O Disciples de la Voie ! ne vous attachez pas aux noms. (La Vérité) se nomme la trame mystérieuse.

8

On n'attend pas d'un homme de grand caractère qu'il puisse en quoi que ce soit être induit en erreur par autrui. Il est maître de lui où qu'il aille. Tel qu'il se tient, tout est en accord avec lui.

A peine une pensée de doute entre-t-elle dans un esprit, que les démons l'occupent. A peine un Bodhisattva nourrit-il un doute, qu'une opportunité favorable est offerte au démon de Naissance-et-Mort. Gardez-vous uniquement de l'agitation de l'esprit. Ne convoitez rien de l'extérieur.

Lorsque les états se présentent, laissez qu'ils soient illuminés. Ne croyez qu'en l'Unique qui opère en ce moment même. Il ne se livre à aucun mode d'action en particulier.

A peine une pensée est-elle née dans votre esprit, que le triple monde surgit avec tous ses états qui peuvent se répartir entre les domaines des six sens. Si vous continuez à agir comme vous le faites, conformes aux états, que vous manque-t-il ?

En un éclair de pensée vous pénétrez dans le pur comme dans l'impur, dans la tour de Maïtreya, dans le pays des Trois-Yeux. Où que vous alliez ainsi, vous ne rencontrez que noms vides.

9

O Disciples de la Voie ! combien n'est-il pas difficile d'être entièrement vrai envers soi-même ! Le Bouddha-Dharma est profond, obscur, insondable. Mais une fois compris, combien aisé ! Je passe ma journée entière à enseigner aux hommes ce qu'est le Dharma, mais les érudits ne semblent guère se soucier de mes discours, comme si cela ne les concernait en rien. Ne l'ont-ils pas foulé aux pieds des milliers de fois ? Et cependant, il n'est pour eux que ténèbres absolues.

(Le Dharma) n'a nulle forme quelconque, et cependant dans sa solitude, combien clairement ne se manifeste-t-il pas ? Mais comme leur foi est débile, ils s'acharnent à le saisir par le truchement de noms et de mots. Un demi-siècle de leur existence se perd rien qu'à traîner un cadavre de porte en porte. Ils courent çà et là, follement, par tout le pays, portant sur l'épaule un sac bourré de mots creux de maîtres à moitié idiots. Certes, un jour Yamaraja, seigneur du monde souterrain, leur demandera compte de leur grand nombre de sandales usées.

O Vénérables ! Lorsque je vous affirme qu'il n'est pas de Dharma, aussi longtemps que vous le cherchez à l'extérieur, les érudits ne parviennent pas à me comprendre. A présent, voilà qu'ils vont se tourner vers l'intérieur, à la recherche de sa signification. Ils se tiennent assis face au mur, jambes croisées, langue collée au palais, dans l'état d'immuabilité. Ils s'imaginent que telle est la tradition bouddhique mise en œuvre par les patriarches. Ici une grave erreur est commise. Si vous vous imaginez qu'il vous a été demandé de vous maintenir dans un état d'immuable pureté (1), c'est là prendre pour Seigneur les ténèbres de l'ignorance (2). Un ancien maître a dit : « Le très sombre abîme de la tranquillité, voilà ce qui doit vous faire trembler de peur. » Ce n'est pas autre chose que ce qui fut dit plus haut. Mais si (par ailleurs) vous prenez la mobilité pour la chose juste : le monde des plantes tout entier sait ce qu'est la mobilité. On ne peut l'appeler le Tao. Mobilité est la nature du vent, immobilité celle de la terre. Ni l'une ni l'autre n'ont de nature propre.

Si vous tentez de capturer le Soi quand il se meut, il se figera dans un état d'immobilité. Immobile, si vous tentez de l'attraper, il continuera à se mouvoir. Il est semblable au poisson nageant à sa guise dans les profondeurs parmi le surgissement des vagues. O Vénérables ! mouvement, non-mouvement, sont deux aspects (du Soi) vu objectivement. Alors qu'il n'est autre que l'Homme de la Voie *(tao-jen)* lui-même, qui ne dépend de rien ; qui use à sa guise (de ces deux états de la réalité), tantôt en mouvement, tantôt non. (Bien des érudits sont pris dans la nasse de cette dichotomie.) Mais s'il se trouve un homme dont la vision s'élève au-delà des formes

(1) Immuabilité, pureté, sérénité ou quiétude. Tous se réfèrent à un état de conscience où toute onde de pensée est retombée. On appelle cela le noir abîme de l'Ignorance ou de l'Inconscient, et on enseigne au disciple du Zen à l'éviter par tous les moyens possibles et de ne pas en faire l'objet de la discipline du Zen.

(2) *Avidya* en sanskrit.

de la pensée vulgaire (1), et qu'il vienne à *moi*, J'agirai dans l'intégrité de mon être (2).

O Vénérables ! c'est ici que gît le lieu où les érudits doivent s'appliquer de tout leur cœur, car même un souffle d'air ici ne trouverait où passer. C'est tel un éclair de lumière, telle l'étincelle du silex frappant l'acier. (Un clin d'œil, et) tout a passé. Si les yeux des érudits sont perdus dans le vague, tout est manqué. A peine l'esprit s'applique-t-il à lui, qu'il se dérobe loin de vous ; à peine une pensée s'élève-t-elle, qu'il vous tourne le dos. L'entendement qu'un homme doit réaliser, c'est qu'il (3) se tient tout droit face à lui.

O Vénérables ! portant le bol des mendiants, mais le corps rempli d'ordures (4) vous courez d'une porte à l'autre, dans l'espoir de trouver quelque part le Bouddha et le Dharma. Mais l'Unique qui en ce moment-là va en tout lieu à la recherche de quelque chose ; le connaissez-vous pour ce qu'il est vraiment ? Il est le très dynamique, bien qu'il n'ait ni racines, ni rameaux. Vous pourrez tenter de le récolter, mais il refusera d'être amassé. Vous pourrez tenter de le balayer au loin, mais il refusera de se laisser disperser. Plus vous luttez durement pour lui, plus il est loin de vous. Sa voix d'une

(1) On considère généralement, tenant compte de leurs capacités inhérentes ou de leurs dons naturels à comprendre les vérités du Bouddhisme, trois classes d'individus : supérieurs, moyens, inférieurs.

(2) Le terme original chinois pour « Je » et ses modifications est *Chan-Sheng* (*san-zo* en japonais), « moine de la montagne », par lequel Rinzai se désigne lui-même. Ce titre modeste ne doit pas être entendu comme se rapportant à Rinzai en tant qu'individu appartenant à ce monde relativement limité en tout, mais à Rinzai en tant qu'homme illuminé qui vit dans le royaume transcendantal de l'absolue subjectivité ou vide. Un individu dans ce royaume ne se conduit pas comme un être partiellement individualisé ou comme un Soi psychologiquement défini, ou comme une idée abstraite ; mais avec son être complet. Cela deviendra plus compréhensible plus tard.

(3) « Il » a été rajouté par le traducteur et se réfère au Dharma, la Réalité, la Personne ou encore l'Homme ou le *Tao* (la Voie).

(4) « Le sac à bol » est le sac contenant le bol du moine mendiant en voyage. Le corps plein d'ordures est un terme de mépris qui désigne le moine dont les yeux ne sont pas ouverts au Dharma, et dont l'esprit est plein de nom et de pensées oiseuses. Cet esprit est comparé aux excréments qui ne devraient pas être conservés dans le corps. Un moine qui accumule des idées étrangères à la réalisation est aussi appelé « sac de riz » ou « malodorant sac de peau ».

douceur surnaturelle emplit vos oreilles. Ceux qui n'ont pas la foi perdent leur vie précieuse sans nul profit.

O Disciples de la Voie ! c'est lui qui dans l'éclair d'une pensée pénètre dans le Monde du Sein du lotus, dans le monde de Väro-chanu, dans la Terre d'Emancipation, dans la Terre des Pouvoirs spirituels, dans la Terre de Pureté, dans le monde du Dharma. Et c'est encore lui qui pénètre dans l'impur comme dans le pur, dans le vulgaire comme dans le sage, et lui encore qui pénètre dans le monde des animaux. Où qu'il ait pénétré, nous ne trouvons nul vestige de sa naissance-et-mort, quelque grand soit notre effort pour le retrouver. Tout ce qu'il nous reste, ce ne sont que noms vides, telles dans l'air des fleurs hallucinatoires. Ils ne valent l'effort de les saisir. Perte ou profit, oui ou non, toutes ces dichotomies il nous faut les rejeter à l'instant même...

Quant à la manière dont je me dirige, moi, le moine de la montagne, qu'elle soit affirmative ou négative, n'importe ! elle est conforme au véritable entendement. En me jouant, immatériel, je pénètre librement dans tous les états et m'y applique comme si je n'y étais engagé en rien. Quel que soit le jeu des transformations autour de moi, elles ne peuvent m'affecter en rien.

Si quelqu'un vient à moi, dans l'intention d'obtenir quelque chose, je me présente à lui tel que je suis ; mais il ne parvient pas à me reconnaître. Alors je revêts toute une diversité de vêtements et les érudits commencent à donner leurs interprétations, ravis inconsidérément par mes mots et mes phrases. Toutefois, ils manquent du pouvoir de discrimination. Ils s'emparent des vêtements que je porte et déterminent leurs différents coloris : bleu, jaune, rouge ou blanc. Mais si je les ôte pour entrer dans l'état d'immédiateté pure, ils sont décontenancés, perdus. Ils courent au petit bonheur à la recherche de paroles à dire. Je n'ai pas de vêtements. Alors je me tournerai vers eux et leur dirai : « Ne reconnaissez-vous pas l'Homme qui circulait sous des vêtements variés ? » Alors tout soudain les voilà enfin qui tournent la tête et me reconnaissent (dans ma forme).

O Vénérables ! gardez-vous de prendre les vêtements (pour la réalité), les vêtements ne peuvent se déterminer par eux-mêmes. C'est l'Homme qui revêt les vêtements variés : vêtements de pureté, vêtements de non-né, vêtements d'illumination *(bodhi)*, vêtements de Nirvâna, vêtements de Patriarches, vêtements de Bouddhéité. O Vénérables ! nous n'avons ici que sons et mots. Ils ne valent pas plus que ces vêtements dont on change. Leur mise en branle part de l'abdomen et le souffle en traversant les dents produit des sons variés. Articulés, ils prennent une signification linguistique, ainsi réalisons-nous clairement qu'ils n'ont aucune substance.

O Vénérables ! à l'extérieur par les sons et mots, à l'intérieur par les variations de nos états de conscience, nous pensons et nous ressentons. Ce sont là les vêtements dont nous nous revêtons. Ne commettez pas l'erreur de prendre les vêtements que portent les gens pour des réalités. Si vous persévérez dans cette attitude, même après (la fuite) d'innombrables Kalpas écoulés, vous ne serez rien d'autre encore qu'experts en vêtements. Il vous faudra errer par le triple monde et faire tourner la roue des naissances-et-morts. Rien ne vaut une vie de non-agir. Un vieux maître a dit :

> Je (le) rencontre et cependant ne (le) reconnaît pas,
> Je converse (avec lui) et cependant j'ignore (son) nom.

La raison pour laquelle les érudits de cette époque sont incapables (d'atteindre la réalité) provient de ce que leur entendement ne peut passer outre noms et paroles. Ils se bornent à consigner dans leur précieux carnet les mots séniles de maîtres à moitié idiots. Ensuite, après l'avoir triplement — que dis-je ?, quintuplement ! — enveloppé, ils l'enfouissent en sécurité au fond d'un sac. Cela pour écarter les autres de leurs bizarres collations. Ils s'imaginent que ces paroles des maîtres incarnent la quintessence (du Dharma) et les thésaurisent avec le maximum de respect. Quelle lourde sottise ne commettent-ils pas ! Oh ! les vieux myopes de suiveurs ! Quelle espèce de suc espèrent-ils extraire de ces vieux os desséchés ? Il y en a vraiment qui sont incapables de discerner le bon et le mauvais. Ils parcourent les diverses écritures et après maintes supputations et conjectures, ils rassemblent quelques phrases (dont ils useront pour leur propre dessein). Ils sont comparables à un homme qui ayant avalé un morceau d'ordure, le vomit et le repasse à autrui. Ceux qui, tels des bavards, ne font que transmettre les rumeurs de bouche en bouche, auront gaspiller leur vie entière pour rien.

Ils disent parfois : « Nous sommes d'humbles moines. » Mais interrogez-les sur le pourquoi de l'enseignement bouddhique, ils ne peuvent que fermer leur bouche sans rien avoir à dire. Leurs yeux paraissent plongés dans les ténèbres et leur bouche serrée ressemble à une perche (1) ployée sous des fardeaux. Même si l'apparition de Mätreya (2) avait lieu en ce monde, ils seraient destinés à l'autre : ils tomberaient en enfer pour y supporter une vie de douleur.

O Vénérables ! que cherchez-vous ainsi à la ronde, allant d'un lieu à l'autre, d'un air si affairé ? Vous ne réussirez qu'à amincir un peu plus vos semelles. Il n'y a aucun Bouddha (que vos efforts mal dirigés) puissent saisir. Il n'y a aucun Tao (bodhi) (que vos tentatives inutiles) puissent atteindre. Il n'y a aucun Dharma (que vos recherches oiseuses) puissent réaliser. Aussi longtemps que vous chercherez à l'extérieur de vous-même un Bouddha doué de formes (telles que les trente-deux caractères de l'homme supérieur), vous ne pourrez réaliser qu'il n'a nulle ressemblance avec vous (c'est-à-dire avec votre Soi réel). Si vous désirez connaître votre esprit originel, je vous dirais qu'il n'agrège, ni ne désagrège. O Vénérables ! le vrai Bouddha n'a pas d'apparence, le vrai Tao (ou bodhi) n'a pas de substance, le vrai Dharma n'a pas de forme. Tous trois sont plongés dans l'Unité (de la réalité). Les esprits incapables de le comprendre sont voués à la destinée inconnue d'une conscience soumise au Karma.

(1) Instrument en bois ou en bambou de 6 pieds de long, qui sert à porter des fardeaux sur les épaules. Quand la charge est trop lourde, la perche ploie. Rinzai, ironiquement, compare la bouche des moines à cette perche ployée.

(2) Bouddha qui apparaîtra à la fin des temps actuels.

Chapitre IV

Le Koan

I

Le Koan est une sorte de problème que le maître donne à résoudre à ses disciples. « Problème » n'est pas le terme adéquat, et je préfère l'original japonais de *Kō-an* (*kuang-an* en chinois). *Kō* signifie littéralement « public » et *an* « document ». Mais un document public n'a que faire avec le Zen. Le « document » Zen est celui que tout homme apporte au monde à sa naissance et doit s'efforcer de résoudre avant son trépas.

Une légende du Mahayana raconte que le Bouddha, au sortir du sein de sa mère, énonça cette sentence : « En haut, le Ciel, en bas, la Terre. Moi seul, Je suis le Très Vénéré. » Tel est le document que le Bouddha nous a légué. Ceux qui réussissent à le déchiffrer sont disciples du Zen. Il n'y a là pas le moindre secret. Tout est pour chacun d'entre nous patent, « public », et pour ceux qui ont des yeux pour voir, cette sentence n'offre aucune difficulté. Si on lui trouve un sens obscur, c'est en nous que réside l'obscurité, et non pas en ce « document ».

Le koan nous habite et le maître ne fait rien d'autre que de le mettre en évidence afin que nous puissions le saisir plus distinctement qu'auparavant. Tirer le koan de l'inconscient et l'amener dans le champ de la conscience c'est, pour nous, le résoudre. Pour effectuer cet éveil, il arrive que le koan prenne une forme dialectique, mais plus fréquemment il assume une absurdité totale. En apparence tout au moins.

Voici un exemple de koan dialectique :

Généralement, le maître, lorsqu'il voyageait à travers les montagnes, portait un bâton, mais de nos jours ce bâton est devenu entre ses mains un signe d'autorité ; il s'y référera souvent pour illustrer son idée. Par exemple, il l'exhibera devant la communauté, en disant : « Ceci n'est pas un bâton! Comment l'appelez-vous ? » Parfois, il lancera une affirmation de ce genre : « Si vous l'appelez bâton, vous « touchez » (c'est-à-dire vous affirmez) ; si vous ne l'appelez pas un bâton, vous « allez contre » (c'est-à-dire vous niez). Comment sans nier ni affirmer, l'appelleriez-vous ? En fait, un tel koan dépasse la dialectique. Voici l'exemple d'une solution donnée par un disciple avancé. Un jour que le maître avait énoncé cette proposition, un moine sortit des rangs de la congrégation, s'empara du bâton, le brisa en deux et jeta les morceaux à terre.

Un autre maître, brandissant son bâton, fit cette déclaration énigmatique : « Si vous avez un bâton, je vous en donnerai un. Si vous n'en avez pas, je vous l'ôterai. »

Parfois, le maître demandera d'une manière toute naturelle : « D'où venez-vous ? », ou bien « Où allez-vous ? » ; mais il changera soudain de sujet et dira : « Combien mes mains ressemblent à celles du Bouddha! et mes jambes à celles d'un singe! »

Evidemment, ce genre de question ou de mise en demeure, posée par le maître, peut être traitée « d'absurde » si l'on veut!

Mais donnons encore deux ou trois exemples « d'absurdité » énoncée par un autre maître. Quand un disciple lui demanda : « Quel est celui qui se tient solitaire, sans un seul compagnon, parmi les dix mille choses ? » le maître répondit : « Quand vous avalerez la Rivière de l'Ouest d'une seule gorgée, alors je vous le dirai. » « Absurde », dirons-nous aussitôt. Mais l'histoire nous apprend que cette réplique du maître ouvrit au questionneur le tréfonds le plus secret de sa conscience. Ce fut le même maître qui décocha un coup de pied dans la poitrine d'un moine dont l'unique faute avait été de demander : « Que signifie : Bodhidharma arriva en Chine venant de l'Ouest ? » Mais après que le moine, remis du choc, se fut relevé, il se mit à rire de bon cœur et s'écria : « Comme il est étrange que toutes les formes de *Samadhi* tiennent sur la pointe d'un cheveu. Et j'en ai maîtrisé le secret jusqu'en sa plus profonde racine. » Quel lien peut-il y avoir entre le coup de pied du maître et l'audacieuse affirmation du moine ? « Sur le plan de l'intellection, cela ne pourra jamais se comprendre. Aussi absurde que cela puisse nous paraître, c'est notre habitude de conceptualiser, elle seule, qui nous fait manquer la réalité nue, telle qu'elle se présente d'elle-même face à nous. Ce qui est « absurde » est en réalité lourd de sens et nous fait traverser ce voile qui offusque nos regards aussi longtemps que nous restons de ce côté-ci de la relativité. »

2

Ces « questions et réponses » (*mondo* en japonais) et les déclarations des maîtres, appelées à présent koan, n'étaient pas connues comme telles, à l'époque même où se déroulaient ces entretiens. Ce n'était alors qu'un moyen pour les chercheurs de vérité d'atteindre à l'illumination, et auquel les maîtres Zen recouraient pour le plus grand bien des moines qui leur posaient des questions.

Cette manière d'étudier le Zen, qu'on pourrait dire systématique, ne prit son essor qu'au XIIe siècle avec les maîtres de la dynastie Song. L'un d'entre eux choisit l'histoire connue sous le nom du « *mu* » (ou « *Wu* » en chinois) de Joshu et le donna comme koan à méditer à ses disciples. Cette histoire est la suivante :

Joshu Jushin (778-897) (Chao-tchou Ts'ong-chên, en chinois) fut l'un des plus grands maîtres Zen de la dynastie T'ang. Un jour, un moine lui demanda : « Un chien a-t-il la nature de Bouddha ? » « *Mu !* » fut la réponse du maître. « *Mu !* » littéralement signifie « non ». Mais en tant que koan le sens importe peu. C'est « *mu* » tout simplement, et le disciple est prié de se concentrer sur le son « *Mu !* », sans se préoccuper de oui ou de non, ou de tout autre sens. C'est « *Mu !* » dépourvu de toute signification. « *Mu !* », rien d'autre « *Mu !* », « *Mu !* ».

Cette répétition monotone du son « *Mu !* » se prolongera jusqu'au moment où, dans l'esprit saturé, nulle autre pensée ne pourra plus s'introduire. Alors celui qui prononce ce mot, d'une manière audible ou non, se sera totalement identifié au son. C'est le « *Mu !* » lui-même qui se répète lui-même. Ce n'est plus un individu en tant que personne consciente d'elle-même qui se meut, mais le « *Mu !* ». Le « *Mu !* » va, vient, mange, boit, parle ou se tait. Le champ de conscience du disciple totalement est envahi par le « *Mu !* », son individualité s'est évanouie. En fait, l'univers tout entier n'est plus autre chose que le « *Mu !* ». « En haut le Ciel, en bas la Terre, moi seul Je suis le Très Vénéré. » Le « *Mu !* » est le « Je ». Nous pouvons dire à présent que le « *Mu !* », le « Je » et l'Inconscient Cosmique, tous trois ne font plus qu'un. Les trois sont un ; l'un est trois.

Arrivée à ce stade d'uniformité ou d'identité prédominante, la conscience se trouve dans une situation unique que j'appellerai « consciemment inconsciente » ou « inconsciemment consciente ».

Mais cet état n'est pas encore l'expérience du *Satori.* Nous pouvons le considérer comme l'équivalent du *Samadhi*, qui signifie « équilibre », « uniformité », « égalité d'âme » ou « l'état de tranquillité ». Le Zen ne s'en contente pas. Pour qu'il y ait *Satori*, une sorte de réveil doit briser ce stade d'équilibre et ramener à un niveau relatif de conscience. Mais ce soi-disant niveau relatif n'est pas relatif au vrai sens du mot. C'est un niveau qui se situe à la frontière du conscient et de l'inconscient. Ce niveau atteint, la marée de l'inconscient envahit la conscience ordinaire. C'est l'instant où l'esprit fini se réalise enraciné dans l'infini. En terme chrétien, c'est l'instant où l'âme perçoit directement la voix du Dieu vivant. Les juifs pourraient affirmer que ce fut dans cet état d'esprit que Moïse sur le mont Sinaï entendit Dieu proclamer son nom, « Je suis Celui qui Suis ».

3

Il serait intéressant de connaître comment les maîtres Song en arrivèrent à découvrir l'efficacité du « *Mu !* » comme moyen de parvenir à l'expérience Zen. Il n'y a rien d'intellectuel dans le « *Mu !* ». C'est le contraire de ce qui avait lieu avant l'époque Song, lorsque maîtres et disciples échangeaient leurs *mondo.* Lorsqu'il y a question, le fait même de questionner implique une intellectualisation. « Quel est le Soi ? » « Qui est le Bouddha ? » « Quel est l'ultime principe de l'enseignement bouddhique ? » « Quel est le sens de la Voie ? » « La vie vaut-elle la peine d'être vécue ? » Toutes ces questions semblent exiger une certaine intelligibilité ou « intellectualité » dans la réponse. Comment ces questionneurs prendront-ils le fait d'être renvoyés dans leur chambre pour « s'appliquer » à l'étude de « *Mu* » ? Ils vont être tout bonnement abasourdis et ne sauront que faire d'une telle proposition.

Si vrai que cela paraisse, il faut nous rappeler que l'attitude du Zen est d'ignorer toute question, car questionner va à l'encontre de l'esprit Zen. L'esprit Zen exige que soit saisie la personne même du questionneur, mais rien de ce qui émane de lui. Un ou deux exemples prouveront amplement ce fait.

Baso Do-ichi fut l'un des plus grands maîtres de l'époque T'ang. On peut même affirmer que c'est sous son influence que le Zen prit véritablement son essor. La manière dont il traitait les questionneurs était des plus originales et des plus révolutionnaires. L'un d'eux, Suiryo (ou Suiro) fut jeté à terre d'un coup de pied pour avoir interrogé le maître sur la vérité Zen (1). Une autre fois il bâtonna un moine qui se trouvait vouloir connaître le premier principe du Bouddhisme. Dans une troisième occasion, il manda une claque sur l'oreille d'un moine dont la faute était d'avoir interrogé le maître sur le sens de la venue en Chine de Bodhidarma (2). En apparence, la rudesse de ces traitements n'a rien à voir avec les questions posées, à moins qu'on ne veuille la considérer comme une forme de châtiment à l'égard de ceux qui sont assez naïfs pour poser des questions d'une importance aussi vitale. Chose étrange, les moines ainsi traités ne furent ni irrités, ni offensés. Bien au contraire, l'un d'eux en fut submergé d'une joie si débordante, qu'il déclara : « Comme il est étrange que toutes les vérités exposées dans les Sutras tiennent sur la pointe d'un cheveu. » Comment le coup de pied du maître dans la poitrine d'un moine est-il capable d'opérer un miracle aussi transcendantal ?

Un autre grand maître du Zen, Rinzaï, était célèbre pour son inintelligible « Katz » qu'il proférait en réponse à toute question posée. Toku-san, autre maître fameux, maniait lestement son bâton, avant même que le moine eût ouvert la bouche. Sa déclaration était célèbre : « Trente coups de bâton si vous avez quelque chose à dire, et trente coups encore si vous n'avez rien à dire. » Aussi longtemps que nous restons au niveau de l'intelligibilité ou de la relativité,

(1) Cf. *supra* et *Living by Zen* (Londres, Rider, 1950), p. 24.
(2) Cf. D. T. SIYUKI, *Studies in Zen* (Londres, Rider, 1955), pp. 80 et suiv.

les agissements de ces maîtres nous resteront fermés. Nous ne pouvons saisir la moindre relation entre les questions que peut poser un moine et ce qui revêt l'allure de l'impétueuse explosion d'un tempérament irascible. Sans parler de l'effet que ces sorties peuvent avoir sur le questionneur. Quant à l'incohérence et l'intelligibilité de tout cet échange, le moins qu'on puisse en dire, c'est qu'elles sont déroutantes.

4

A vrai dire, ce qui englobe la totalité de l'expérience humaine ne relève pas de l'intellect, mais du vouloir dans le sens premier du mot. L'intellect peut poser toutes sortes de questions — et c'est même son droit le plus strict —, mais c'est trop lui demander que d'en attendre une réponse définitive, car ce n'est pas dans sa nature. La réponse gît profondément ensevelie dans le fondement même de notre être. La faire éclater en plein jour requiert la plus fondamentale secousse de la volonté. Cela accompli, les portes de la perception s'ouvrent et une nouvelle vision se présente, jusqu'à ce jour jamais imaginée. L'intellect propose mais ce n'est pas lui qui dispose. Quoi qu'on en puisse dire, l'intellect n'a qu'une importance secondaire. C'est une chose superficielle, flottant à la surface de la conscience. Cette surface doit être traversée si l'on veut rejoindre l'inconscient. Mais aussi longtemps que cet inconscient relève du domaine de la psychologie, il ne peut y avoir aucun Satori quelconque dans le sens Zen du terme. Il faut transcender la psychologie et parvenir à ce qu'on pourrait appeler « l'inconscient ontologique ».

C'est ce que les maîtres Song, à travers leur longue expérience et aussi la formation de leurs disciples, doivent avoir compris. Ils désiraient briser l'*aporia* intellectuelle au moyen de leur « *Mu* », où ne se montre nulle trace d'intellection, mais uniquement le vouloir pur surmontant l'intellect. Je tiens à rappeler à mes lecteurs que je ne suis pas un anti-intellectualiste à tous crins. Je ne m'oppose qu'à l'intellect tenu pour l'ultime réalité. L'intellect est nécessaire pour déterminer approximativement où se trouve la réalité. Mais cette réalité ne peut être saisie que si l'intellect renonce à tout droit sur elle. Le Zen le sait bien et il donne pour koan une proposition qui aurait comme une saveur d'intellection, qui, d'une manière détournée, demanderait comme un processus logique. Mieux encore, qui semblerait donner prise à pareil processus. Les exemples suivants éclairciront ma pensée :

On rapporte que Yeno, sixième patriarche, demanda à celui qui l'interrogeait : « Montrez-moi votre visage originel, celui que vous aviez avant d'être né ? » Nangaku Yejo, un de ses disciples, demanda un jour à quelqu'un qui désirait l'illumination : « Quel est celui-là qui vient à moi ? » Un des maîtres Song demanda à savoir : « Où nous rencontrerons-nous, quand nous serons morts, incinérés et que nos cendres auront été dispersées au vent ? » Hakuin grand maître Zen du Japon moderne avait l'habitude de lever une main devant ses disciples en demandant : « Faites-moi entendre le son d'une seule main. » Il y a dans le Zen un grand nombre de demandes pareillement impossibles : « Usez de l'épée que vous tenez dans vos mains vides ! » « Pendant que vous chevauchez un âne, marchez à pied. » « Parlez sans user de votre langue. » « Jouez de votre luth sans cordes. » « Arrêtez cette averse. » Semblables propositions paradoxales vont mettre l'intellect à l'épreuve jusqu'au point de tension le plus haut, jusqu'à l'amener à définir ces propositions comme totalement absurdes et ne méritant pas ce gaspillage mental. Toutefois, personne ne niera le bien-fondé de la question qui a troublé poètes, philosophes, penseurs de toutes catégories depuis l'aube de la conscience humaine : « D'où venons-nous ? Où allons-nous ? » Or, toutes ces « impossibles » questions ou propositions des maîtres Zen ne sont que des variantes « illogiques » de cette question-là, la plus raisonnable de toutes.

En fait, toute interprétation d'un koan qui aurait une apparence logique sera rejetée impitoyablement, voire sarcastiquement, par le maître sans laisser la moindre matière à pareille interprétation. Après quelques entretiens semblables, on ne saura que faire sinon rejeter le maître comme « vieux bigot ignorant » ou « méconnaissant les modes de pensée rationaliste moderne ». En vérité, le maître Zen connaît bien mieux son affaire que quiconque ne peut se l'imaginer. Car Zen n'est d'aucune façon un jeu de dialecticien ou d'intellectuel. Il traite de quelque chose qui se trouve bien au-delà de la logique des choses ; qui se trouve là où réside « la vérité qui nous rendra libres ».

N'importe quelle proposition énoncée à propos de n'importe quel sujet, aussi longtemps qu'elle est traitée selon les normes de la logique, demeure inévitablement à la surface de la conscience. L'intellect sert différents desseins de notre vie quotidienne, même jusqu'au point d'annihiler l'humain, individuellement ou en masse. Sans nul doute est-il de la plus grande utilité, mais il ne peut résoudre cet ultime problème de l'existence que tôt ou tard chacun de nous rencontrera dans le courant de sa vie. Il n'est autre, ce problème, que celui de la vie et de la mort qui concerne le sens même de l'existence. Face à ce problème, notre intellect est bien obligé d'avouer son impuissance à le résoudre, car il aboutit en toute certitude à une impasse ou aporie, que sa nature même ne lui permet pas d'éviter. Cette impasse, où l'on se trouve engagé, est pareille à « la montagne d'argent » ou « au mur de fer » dressé devant soi. Ce n'est pas une manœuvre intellectuelle ou un tour de passe-passe de la logique qui nous permettra de la franchir. Cette pénétration requiert l'effort de notre être tout entier, comme le dirait un maître Zen ; l'obligation de grimper à un pieu de cent pieds de hauteur, et arrivés au sommet, de continuer à grimper plus haut encore et encore, jusqu'à devoir exécuter un saut désespéré, au mépris total de notre salut. Mais le saut exécuté, on se retrouve sain et sauf sur « le piédestal du Lotus épanoui ». Un saut de ce genre ne peut s'accomplir ni avec l'aide de l'intellection, ni avec celle de la logique des choses. Quant à cette dernière, elle n'a partie liée qu'avec la continuité et non pas avec un saut par-dessus un gouffre béant. C'est cela, cependant, que le Zen attend de chacun de nous, en dépit de son apparente impossibilité logique. C'est pourquoi le Zen sans arrêt nous aiguillonne, afin de nous éprouver au maximum dans notre habitude de rationalisation. Ce qui nous amènera à nous rendre compte par nous-même jusqu'où peut nous conduire cette futile tentative. Le Zen sait parfaitement où ses limites se trouvent, quant à nous, nous ne nous en apercevons qu'au moment où nous nous trouvons dans l'impasse. Il nous faut arriver à cette expérience personnelle, afin de pouvoir réveiller notre être tout entier. Trop souvent nous nous contentons d'un accomplissement intellectuel qui ne concerne après tout que la périphérie de la vie.

Ce ne sont ni son entraînement philosophique, ni son austérité morale, ni son ascétisme qui en fin de compte amenèrent le Bouddha à son illumination. Le Bouddha ne l'a atteinte qu'après avoir renoncé à toutes ces pratiques superficielles qui forment le cercle des circonstances extérieures de notre vie. Intellectualisme, conceptualisation, moralisme ne sont nécessaires que pour réaliser leurs propres limitations. L'exercice du koan vise à amener tout cela dans notre intériorité profonde.

Le vouloir au sens premier du terme, comme je l'ai dit auparavant, est plus fondamental que l'intellect. Il est le principe qui gît à la racine même de toutes les existences et les réunit dans l'unité de l'être. Les rochers sont là où ils sont et tel est leur vouloir. Les rivières coulent, tel est leur vouloir. Les plantes poussent, tel est leur vouloir. Les oiseaux volent, tel est leur vouloir. Les humains parlent, tel est leur vouloir. Les saisons varient, le ciel fait pleuvoir ou neiger, la terre parfois tremble, les vagues déferlent, les étoiles scintillent, chacun d'eux suit son propre vouloir. Etre est vouloir et tel est aussi devenir. Il n'y a absolument rien dans l'Univers qui n'ait son propre vouloir. L'unique grand vouloir, de qui découle l'infinie variété des vouloirs, est ce que j'appelle « l'inconscient cosmique (ou ontologique) », réservoir-zéro des infinies possibilités. Or le « *Mu* » est lié à l'inconscient parce qu'il travaille sur le plan volitif de la conscience. Le koan d'apparence intellectuel ou dialectique, lui aussi vous mène finalement au centre volitif de la conscience et de là, à la Source même.

5

Comme il a été dit plus haut, après quelques années, quelques mois même, passés auprès d'un maître, le disciple Zen se trouve complètement au point mort. Il ne sait plus quelle voie suivre. Il a tenté, sans nul profit, de résoudre le koan sur le plan de la relativité. Le voici à présent acculé sans échappatoire possible. C'est le moment où le maître lui dira : « Il est bon d'être ainsi acculé. Voici le moment venu pour vous de faire une volte-face complète ! » Vraisemblablement, le maître ajoutera : « Ne pensez pas avec votre tête, mais avec votre abdomen, avec votre ventre. »

Nous avons, pour expliquer cette situation, une vue personnelle, qui n'est peut-être pas très scientifique. Le corps peut être divisé en trois parties : la tête, la région abdominale et les membres. Les membres sont destinés à la locomotion, mais les mains se sont différenciées d'elles-mêmes et se sont développées selon leur voie propre. Elles sont devenues aptes aux travaux créateurs. Ces deux mains, aidées de leurs dix doigts, façonnent toute une série d'objets destinés au bien-être du corps. Mon intuition me dit que les mains se sont développées d'abord, ensuite ce fut la tête, qui devint peu à peu l'organe de la pensée. Pour que les mains puissent s'employer de telle ou telle façon, il faut qu'elles se libèrent elles-mêmes du sol, se différenciant par cela des membres des animaux inférieurs. Les mains humaines, libérées ainsi du sol, laissent aux jambes le soin unique de la locomotion, ce qui leur permet de suivre leur propre ligne de développement. Ce développement à son tour amènera l'érection de la tête, ce qui rendra les yeux capables de surveiller le maximum possible de l'environnement. L'œil est un organe intellectuel, alors que l'oreille est un organe plus primitif. Quant au nez, il s'est amélioré en s'écartant de la terre après que l'œil se soit acquis un horizon plus vaste. L'élargissement du champ de vision a permis à l'esprit de se détacher de plus en plus des organes sensoriels et de se transformer en organes d'abstractions intellectuelles et de généralisations.

Ainsi la tête symbolise l'intellection et les yeux avec leurs muscles mobiles lui sont un instrument des plus utiles. Mais la partie abdominale contenant les viscères est contrôlée par les nerfs réflexes et représente l'état le plus primitif de l'évolution dans la structure du corps humain. Les parties abdominales sont plus près de la nature dont nous sommes issus et où nous retournerons. Elles sont donc en rapport plus intime avec la nature, peuvent la sentir, converser avec elle, la tenir sous « surveillance ». Cette surveillance n'est toutefois pas une opération intellectuelle. Elle est, si je puis dire, affective. Le « Sentir » serait un mot meilleur, à condition qu'il soit pris dans son sens fondamental.

La surveillance intellectuelle est une fonction de la tête. C'est pourquoi, quelle que puisse être la compréhension de la nature que nous en recevions, elle ne sera qu'abstraction et représentation et non la nature elle-même. La nature ne se révèle pas telle quelle à l'intellect, c'est-à-dire à la tête. C'est la partie abdominale qui la sent et la comprend dans son ipséité. Le mode de compréhension qui peut être appelé affectif ou volitif englobe la totalité de la personne, symbolisée par la partie abdominale du corps. Ainsi, lorsque le maître Zen nous recommande de tenir le koan dans l'abdomen, il veut indiquer par là que le koan doit être saisi par la totalité de l'être, qu'il faut s'identifier totalement avec lui et non pas le considérer intellectuellement ou objectivement comme s'il était une chose dont on puisse se tenir à l'écart.

Un savant américain, s'étant rendu dans une peuplade primitive, leur apprit que les Occidentaux pensaient avec leur tête ; la peuplade primitive en conclut que le peuple américain tout entier était fou, « car nous, dirent-ils, nous pensons avec le ventre ». Le peuple, en Chine et au Japon — en Inde nous l'ignorons — devant un problème difficile, dit fréquemment : « Pensez-y avec votre abdomen » ou « Interrogez votre ventre ». Ainsi, lorsqu'il surgit quelque question en relation avec notre existence, nous sommes priés de penser avec le « ventre » et non pas avec une partie séparée de notre corps. Le « ventre » est là pour représenter la totalité de l'être, alors que la tête, partie du corps dont le développement s'est produit en dernier lieu, représente l'intellection. L'intellect, essentiellement, sert à objectifier le sujet pris en considération. C'est pourquoi, en Chine particulièrement, l'homme idéal est représenté sous une apparence corpulente avec un abdomen proéminent tel Hotei (Pou-tai en Chine) considéré comme la représentation de Maitreya (1), le Bouddha des temps futurs.

En réalité, « Penser » avec l'abdomen signifie abaisser le diaphragme pour laisser le champ libre au fonctionnement correct des organes du thorax et conserver ainsi le corps affermi et disposé convenablement à la réception du koan. Le processus dans son entièreté vise à empêcher que le koan ne devienne un objet d'intellection. Car l'intellect tient toujours l'objet écarté de lui, le considère à distance comme s'il était saisi d'une frayeur mortelle à l'idée de le toucher,

(1) Cf. D. T. Suzuki, *Manual of Zen Budhism* (Londres, Rider, 1950), pl. 11, p. 129, où l'homme du Zen idéal apparaît au milieu du marché, c'est-à-dire dans le Monde pour le salut de tous les êtres.

pour ne pas dire de le saisir, de l'empoigner à mains nues. Le Zen, au contraire, nous dit non seulement de le saisir avec les mains, avec l'abdomen, mais de s'identifier avec lui au point que, buvant et mangeant, ce n'est plus *moi* qui bois et mange, mais le koan. Ce stade atteint, le koan se résoudra de lui-même, sans nulle intervention de ma part.

Quant au rôle du diaphragme dans la structure du corps humain, du point de vue médical nous l'ignorons absolument. Mais pour le sens commun de notre compréhension, fondé sur une certaine expérience, il nous apparaît que le diaphragme, en relation avec la partie abdominale du corps, a beaucoup à voir avec la sensation de sécurité qui nous vient du fait d'être intimement relié au fondement des choses, c'est-à-dire à la réalité ultime. Etablir une relation semblable est dit en japonais *Kufu Suru.* Lorsque le maître Zen vous dit d'exercer votre *Kufu* sur le koan avec votre partie abdominale, il n'incite à rien d'autre qu'à tenter d'établir heureusement ce genre de relation. C'est peut-être une manière primitive ou pré-scientifique que de parler d'établir une relation entre le diaphragme, l'abdomen et l'Ultime Réalité, mais n'en doutons pas, nous nous excitons beaucoup trop à propos de la tête et de son importance quant à nos activités intellectuelles. A tout prendre, le koan ne doit pas être résolu avec la tête, c'est-à-dire intellectuellement ou philosophiquement. Si au début il peut sembler possible ou souhaitable de l'aborder avec une certaine logique, en dernier ressort le koan est destiné à être résolu par la partie abdominale.

Prenons le cas du bâton entre les mains du maître. Il le saisit et déclare : « Je n'appelle pas ceci un bâton. Comment l'appellerez-vous ? » Cela semble appeler une réponse dialectique, car cette déclaration ou mise en demeure équivaut à dire : « Si A n'est pas A, qu'est-il ? » ou « Si Dieu n'est pas Dieu, qu'est-il ? » La loi logique de l'identité est violée. A, une fois défini comme A, doit rester A, et ne peut jamais devenir non-A ou B ou X. Parfois, le maître fera une autre déclaration : « Ce bâton n'est pas un bâton et cependant c'est un bâton. » Si le disciple s'approche du maître avec un esprit de logique et malgré cela relève le défi d'une manière illogique, il peut être sûr d'être accueilli par le maître d'un coup de ce même bâton. Le disciple ne peut éviter d'être attiré dans une impasse, car le maître est inébranlable et refuse catégoriquement de céder à la moindre pression intellectuelle, quel que soit le *Kufu* que le disciple est poussé à fabriquer, il est destiné à être pris en charge par la partie abdominale et non par la tête. L'intellect doit céder ou vouloir.

Un autre exemple : le sixième patriarche demandait qu'on lui montrât : « Le visage qui était le vôtre avant votre naissance. » La dialectique est ici sans valeur. La demande correspond à l'affirmation du Christ : « Je suis avant qu'Abraham ne fût. » En dépit de toutes les interprétations traditionnelles des chrétiens théologiens, la « Christéité » défie notre sens de la série temporelle. Tel est aussi le cas pour la « face » du sixième patriarche. L'intellect pourra faire le maximum d'effort, le Patriarche aussi bien que le Christ le repousseront comme hors de propos. La tête, à présent, doit s'incliner devant le diaphragme, l'esprit devant l'âme. La logique et la philosophie doivent être détrônées et rejetées derrière toute intellectualisation. La tête est consciente. L'abdomen, inconscient. Lorsque le maître enjoint à ses disciples de « penser » avec la partie inférieure du corps, il veut dire que le koan doit être pris en charge par l'inconscient et non par le conscient. Le koan doit « sombrer » dans tout l'être et non rester à la périphérie. Il va sans dire que littéralement ceci n'a aucun sens. Mais si nous réalisons que le fond de l'inconscient où « sombre » le koan est le lieu où même l'*ālaya-vijñāna*, la conscience-réservoir de toute chose (1), n'a pas accès, on constate que le koan n'est plus dans le champ de l'intellection, mais bel et bien identifié au Soi. Le koan est désormais au-delà des frontières de la psychologie.

Toutes ces limites transcendées — ce qui veut dire être au-delà même de ce qu'on nomme l'inconscient collectif — on atteint ce que le Bouddhisme nomme *ādarsanajñāna*, « Miroir de la Connaissance ». Les ténèbres de l'inconscient sont percées. L'on voit toute chose comme on verrait son visage dans un miroir resplendissant.

6

Ce fut en Chine, au XIIe siècle, sous les maîtres Song comme Goso Hoyen (mort en 1140), Yengo Kokugon (1063-1135), Daiye Soko

(1) Cf. le *Lankavatara Sutra* (Londres) et *Essais sur le Bouddhisme Zen*, 3e partie, de T. D. SUZUKI.

(1089-1163), que débuta l'étude du Zen par la méthode des koans. C'est au Japon, peu après son introduction vers le XVe siècle, que la méthode s'organisa en système. Au début, les koans se répartissaient en trois catégories : *prajñā*-intuitif *(Richi)*, actif *(Kikwan)* et ultime *(Kojo)*. Plus tard, au XVIe siècle, Hakuin et ses successeurs portèrent leur nombre jusqu'à cinq ou six, mais en substance les trois catégories les plus anciennes continuent à demeurer valables. Toutefois, depuis que le système fut ainsi complété, tous les disciples de la secte Rinzai étudient le Zen d'après ce schéma. Cette étude est devenue à présent quelque peu stéréotypée et par conséquent en voie de décadence.

L'exemple classique des disciples Zen, formés selon la méthode du koan, est donné par Bukko Kokushi (1226-1286) en Chine et au Japon, par Bankei (1622-1693) (1). Je conseille aux étudiants qu'intéresse une étude psychologique plus approfondie du Zen de consulter quelques-uns de mes travaux sur le sujet.

Jñāna est traduit généralement par « connaissance », mais « intuition » serait plus exact. On peut parfois le traduire par « sagesse transcendantale », spécialement quand il est précédé du préfixe *pra* comme dans *prajñā*. Car il est vrai que dans l'intuition, l'objet est tenu devant nous. Nous le sentons, le percevons, le voyons. La dichotomie sujet-objet existe encore. Dans *Prajñā* elle a disparu. *Prajñā* n'est pas concernée par un objet fini en tant que tel. Elle est la totalité des choses devenues consciente en tant qu'elle-même et cette totalité ne connaît pas de limite. Une totalité infinie dépasse les normes de l'entendement humain. Mais l'intuition — *prajñā* est cette « incompréhensible » intuition globale de l'infini qui n'a pas place dans notre expérience quotidienne, limitée aux objets ou aux événements finis. Cela signifie que la *prajñā* ne peut intervenir qu'au

(1) Les « Dits de Rinzai » *(Rinzai Roku)* rassemblés par ses disciples contiennent environ 13 380 caractères. Considéré comme l'une des meilleures compilations de récits Zen, il est connu sous le nom de *Goroku*. L'Edition des Songs de 1120 est considérée comme une deuxième édition basée sur une première plus ancienne et perdue (D. T. SUZUKI, *Studies in Zen*), pp. 25 et suiv. Sur Bankei consulter D. T. SUZUKI *(Living by Zen)*, pp. 11 et suiv. Ferme adversaire de la méthode des koans, prédominante à son époque, c'était un contemporain plus âgé d'Hakuin, qui ne semble pas l'avoir connu.

moment où les objets limités des sens et de l'intellect se sont identifiés avec l'infini lui-même. Au lieu de dire que l'infini se voit lui-même, en lui-même, il est plus proche de notre expérience humaine, de dire qu'un objet considéré comme fini, en tant qu'il appartient au monde de la dichotomie sujet-objet, est perçu par la *prajñā* du point de vue de l'infini. Symboliquement, le fini s'aperçoit lui-même dans le miroir de l'infini. L'intellect nous déclare que l'objet est fini ; mais la *prajñā* le contredit affirmant qu'il est l'infini au-delà du royaume de la relativité. Du point de vue ontologique, cela revient à affirmer qu'êtres et objets finis ne sont possibles que parce que l'infini les sous-tend. Autrement dit, les objets sont relatifs et par cela même disposés d'une manière limitée dans le champ de l'infini, sans lequel ils n'auraient pas de point d'amarrage.

Cela nous rappelle l'Epître de saint Paul aux Corinthiens dans laquelle il dit : « Aujourd'hui certes, nous voyons dans un miroir d'une manière confuse, mais alors ce sera face à face. Aujourd'hui je connais d'une manière imparfaite, mais alors je connaîtrai comme je suis connu. » « Aujourd'hui » se rapporte à la portion de temps relatif et fini, « alors » à l'éternité qui selon ma terminologie est l'intuition-*prajñā*. Dans l'intuition-*prajñā* ou « connaissance », je vois Dieu tel qu'il est en lui-même et non plus « d'une manière confuse » ou par aperçus fragmentaires, car je me tiens devant lui « face à face » ou mieux : parce que je suis tel qu'il est.

L'ādarsanajñāna qui se révèle après que le fond de l'inconscient ou *alaya-vijñāna* ait été traversé n'est autre que l'intuition-*prajñā*. Le vouloir primordial, d'où sortent tous les êtres, n'est ni aveugle, ni inconscient. Il le paraît à cause de notre ignorance *(avidya)* qui obscurcit le miroir et nous rend ainsi oublieux de son existence elle-même. L'aveuglement est nôtre et non celui du vouloir, qui est originalement et fondamentalement intelligence autant que volition. Le vouloir est *prajñā* plus *karunā*, sagesse plus amour. Sur le plan relatif, limité, fini, le vouloir apparaît comme révélé partiellement, c'est-à-dire que nous sommes enclins à le considérer comme une entité séparée de nos activités mentales. Mais quand il se révèle lui-même dans le miroir de *ādarśanajñāna*, il est « Dieu tel qu'il est ». En lui *Prajñā* ne se sépare pas de Karuna. Si l'un se manifeste, l'autre se manifestera par le fait même.

On parle parfois d'une relation personnelle entre le maître et le disciple, en rapport avec l'exercice du koan : le maître pose une question et le disciple la relève au cours de leur entrevue. Il en résulterait que le maître s'opposerait inflexiblement et implacablement à toute démarche intellectuelle du disciple et que celui-ci, incapable de dénouer la situation, se sentirait comme dépendant absolument de la main secourable du maître, seule capable de le soutenir. Dans le Zen, ce genre de relation est rejeté, comme ne pouvant mener le disciple à l'expérience de l'illumination. Car c'est le koan, le « *Mu !* », lui-même symbole de l'ultime réalité, qui peut émerger de l'inconscient du disciple. Non le maître. C'est le koan, le « *Mu !* » qui pousse le maître à jeter à terre son disciple et celui-ci, une fois éveillé, à frapper à son tour le maître. Il n'y a aucun Soi dans sa phase limitée et finie qui entre en jeu dans ces rencontres semblables à des joutes de lutteurs. C'est d'une importance capitale dans l'étude du Zen que de ne pas se méprendre à ce sujet.

CHAPITRE V

Les cinq degrés (Go-i)

I

Un certain nombre de questions ont été soulevées au cours des sessions précédentes de ce séminaire. La plupart d'entre elles provenaient de ce que l'on n'avait pas saisi ce qu'était le pivot moteur du Zen (1).

(1) *a)* Comment se fait-il que dans les écrits du Zen il soit si peu tenu compte des conditions culturelles, de l'organisation de la société et du bien-être de l'homme? Jointe à cette question est celle de l'utilité du Zen (pour se trouver soi-même fondamentalement) dans le cas de la mort, comme chez l'escrimeur.

N'y a-t-il pas dans un tel retour au Soi quelque danger de perdre la notion de la haute valeur de l'individu ? Maîtres et disciples Zen participent-ils aux problèmes sociaux de ce temps ?

b) Quelle est l'attitude du Zen devant l'éthique, la politique et la faiblesse économique ? Vis-à-vis de la position de l'individu et de sa responsabilité envers la société ?

c) Quelle est la différence entre le *Satori* et la conversion chrétienne ? Dans un de vos livres vous affirmez qu'il y a une différence. Cette différence est-elle autre que celle d'une culture s'exprimant d'une façon différente ?

d) Le mysticisme chrétien est plein d'images érotiques — y a-t-il quelque trace de cela dans le *satori* ou dans les états qui le précèdent ?

e) Le Zen a-t-il un critère pour différencier une expérience mystique authentique d'une hallucination ?

f) Quel intérêt le Zen prend-il à l'histoire d'une individualité ?, à l'influence de la famille, de l'éducation, des institutions sociales dans le développement d'une aliénation de l'individu ? Quelques-uns d'entre nous se sont intéressés à ce propos à la *prévention* de l'aliénation dans les nouvelles générations par l'amélioration de l'éducation individuelle aussi bien que des institutions sociales. Si nous pouvons

On peut affirmer que le Zen est un sujet bien étrange. On peut parler et écrire indéfiniment, sans jamais épuiser sa matière, mais on peut tout aussi bien le démontrer par un simple doigt levé, un toussotement, un clin d'œil, un son dépourvu de tout sens.

On prétend que si, tous les océans du globe changés en encre, toutes les montagnes en pinceau et l'étendue du monde en feuilles de papier, on les épuisait à écrire sur le Zen, on ne parviendrait pas encore à l'exprimer dans sa plénitude.

Le tableau qui suit représente les cinq « degrés » nommés *go-i* de la pratique du Zen. Il en facilitera la compréhension. *Go* signifie cinq et *i* degrés, situation ou échelon. Ces cinq degrés sont divisibles en deux groupes : noétique et affectif ou volitif. Les trois premiers se rapportent au noétique, les deux derniers à l'affectivité ou volition. Celui du milieu, le troisième, est le point de transition : le noétique devient volition, autrement dit la connaissance devient vide. La compréhension noétique de la vie Zen devient dynamique. « Le mot » se fait chair. L'idée abstraite se métamorphose en personne vivante qui sent, veut, espère, désire, souffre et devient capable d'accomplir n'importe quelle somme de travail.

connaître ce qui détermine un état pathologique vraisemblablement, nous serions à même de prévenir la crise de l'âge adulte.

g) Le Zen a-t-il quelques idées sur les expériences de l'enfance qui sont les plus aptes à conduire à l'illumination dans l'âge adulte ?

h) Dans le Zen, le maître semble débuter avec un disciple sans se préoccuper de ce qu'est le disciple en lui-même. Du moins il n'y réagit pas explicitement et directement. On peut cependant concevoir qu'un homme entre dans la voie du Zen par vanité, pour trouver un nouveau Dieu, ce dont il peut être inconscient. Cela ne pourrait-il pas l'aider à trouver son chemin, s'il parvenait à voir la vérité sur cette impulsion intime qui ne peut que réduire à rien son expérience ?

Un maître Zen donne-t-il son opinion sur la personne du disciple et sur les obstacles qui peuvent se trouver sur son chemin ? Même s'il n'est pas porté à le faire, ne peut-on concevoir qu'en le faisant, on rendrait le but plus facile à atteindre ?

i) Pensez-vous que la Psychanalyse, telle que vous la comprenez, offre au patient quelque espoir d'illumination ?

j) Quelle est l'attitude du Zen envers les images qui peuvent surgir au cours des méditations ?

k) Le Zen se préoccupe-t-il du problème de la maturité sentimentale et de l'accomplissement dans l'existence *sociale* de l'homme, c'est-à-dire « des relations entre individus » ?

Dans le premier des deux derniers degrés, on voit l'Homme du Zen lutter avec le maximum de ses forces pour la réalisation intérieure. Dans le dernier degré, il arrive à destination, qui est en réalité nulle destination.

En japonais, les *go-i* se lisent comme suit :

1. *Shō chū hen*	le *hen* dans le *shō*
2. *Hen chū shō*	le *shō* dans le *hen*
3. *Sho chū rai*	l'émersion hors du *shō*
4. *Ken chu shi*	l'arrivée dans le *ken*
5. *Ken chu to*	la fixation dans le *ken.*

Le *shō* et le *hen* forment une dualité pareille au *yin* et *yang* de la philosophie chinoise. *Shō* signifie correct, droit, juste, équilibre ; *hen* signifie partial, oblique, arbitraire, déséquilibre. L'équivalent français donnerait à peu près ceci :

Le shō	*Le hen*
L'absolu	Le relatif
L'infini	Le fini
L'unique	Le multiple
Dieu	Le monde
Les ténèbres (indifférencation)	La lumière (différenciation)
L'identité	La différence
Le vide *(sūñyatā)*	La forme et matière *(nāmarūpa)*
La sagesse *(prajñā)*	L'amour *(karunā)*
Ri *(li)* « l'universel »	Ji *(shih)* le particulier

Mettons A pour *shō* et B pour *hen*

1) *Shō chū hen* « le *hen* dans le *shō* » signifie que l'unique est dans le multiple, Dieu dans le monde, l'infini dans le fini, etc. Quand nous *pensons*, le *shō* et le *hen* sont en opposition et peuvent être réconciliés. Mais ni le *shō* ne peut être *sho*, ni le *hen*, *hen*, seuls par eux-mêmes. Ce qui fait que le multiple est le multiple, c'est qu'il inclut en lui l'unité. Si l'unité n'est pas présente, on ne pourrait même pas parler de multiplicité.

2) *Hen chū shō* « le *shō* dans le *hen* », complément de 1). Si l'unité est dans le multiple, le multiple doit se trouver dans l'unité. Le multiple est ce qui rend l'unité possible. Dieu est le monde et le monde est en Dieu. Dieu et le monde sont séparés et ne peuvent

être identiques dans le sens que Dieu ne peut exister en dehors du monde et que l'un ne peut se distinguer de l'autre. Ils sont un, et cependant chacun conserve son individualité. Dieu est particularisant à l'infini et le monde des particularités réside au sein de Dieu.

3) A présent, nous arrivons au troisième degré dans la vie de l'homme du Zen. Point crucial où la qualité noétique des deux degrés précédents se transforme en volitive et devient réellement une personnalité vivante, sensible et volontaire. Jusqu'à présent, il était la tête, l'intellect, dans le sens le plus contraignant que l'on puisse donner à ce terme. Maintenant le voilà pourvu d'un tronc avec tout son contenu viscéral et des membres, tout particulièrement des mains, dont le nombre peut croître jusqu'au millier (symbole de l'infini), tel le Bodhisattva Kwanon. Dans sa vie intérieure, l'homme du Zen se sent tel le Bouddha enfant qui, sortant du sein de sa mère, fit cette déclaration : « Le Ciel en haut, la Terre en bas. Moi seul, Je suis le Très Vénéré. »

Cette affirmation du Bouddha peut faire sourire les gens à l'esprit scientifique. Ils ont raison, mais rappelons-nous que si nous sommes des créatures raisonnables, en même temps nous sommes des êtres parfaitement irrationnels et avides de toutes sortes d'absurdités appelées miracles. Le Christ ne s'est-il pas relevé d'entre les morts pour monter au ciel ? Bien que nous ignorions de quel ciel il puisse s'agir. Sa mère, la Vierge Marie, bien que vivante, n'a-t-elle pas accompli semblable merveille ? La raison a beau nous dominer, il y a en chacun de nous un à-côté de la raison qui nous rend prêts à accepter les miracles. Et de fait, nous, les plus ordinaires des humains, nous accomplissons des miracles à chaque moment de notre vie, sans tenir compte de nos divergences religieuses.

Luther disait : « Ici suis-je et ne puis faire autrement », et Hyakujo, interrogé sur ce qui était la plus grande merveille, répondit : « Je siège solitaire à la cime du mont Daiyu. » Dans l'original chinois, aucune allusion n'est faite à quelqu'un d'assis. Il est écrit : « Solitaire siège le mont Daiyu. » Celui qui siège ne se différencie pas de la montagne. Malgré sa présence dans le monde des multitudes, la solitude de l'homme du Zen est remarquable.

« L'homme vrai sans titre » de Rinzai n'est autre que celui qui, en ce moment, se tient face à chacun de nous, attentif à la voix qui parle, aux mots qu'on écrit. N'est-ce pas là la plus grande merveille de notre expérience ? De là vient ce sens du « mystère de l'être » dont parle le philosophe. A condition qu'il l'ait réellement ressenti.

Nous parlons généralement du « Je ». Mais ce n'est qu'un simple pronom et non la réalité elle-même. Je serais tenté de demander : « De qui « Je » tient-il la place ? » Aussi longtemps que « Je » est un pronom tel que « vous », « il » ou « elle », qu'est-ce qui se tient derrière lui ? Pourriez-vous le saisir et dire « c'est cela » ? Le psychologue nous informe que « Je » n'a pas d'existence. Ce n'est qu'un simple concept désignant une structure ou une intégration de relations. Mais il y a ce fait étrange que si le « Je » s'irrite, il voudrait détruire le monde, y compris la propre structure qu'il symbolise. D'où un simple concept tire-t-il sa dynamique ? Qu'est-ce qui incite le « Je » à se déclarer la seule réalité de l'existence ? Ce « Je » ne peut être simple allusion ou duperie. Il faut qu'il soit la chose plus substantielle, plus réelle. Et vraiment, il est substantiel et réel, parce qu'il est « ici » où le *shō* et le *hen* sont unis dans une identité de vivante contradiction. Tout le pouvoir de « Je » dérive de cette identité. Selon Maître Eckhart, une mouche en Dieu est plus réelle qu'un ange à sa droite. Le « Je » trompeur ne pourrait jamais être « Le Très Vénéré ».

Si nous établissons les formules suivantes où le *shō* équivaut à A et le *hen* à B, le premier degré est :

$$A \longrightarrow B$$

le second :

$$A \longleftarrow B$$

et le troisième sera :

$$A \rightleftarrows B$$

Mais comme ce troisième degré indique le mouvement tournant par lequel le noétique devient volitif, et la logique personnalité, il devrait être représenté comme suit :

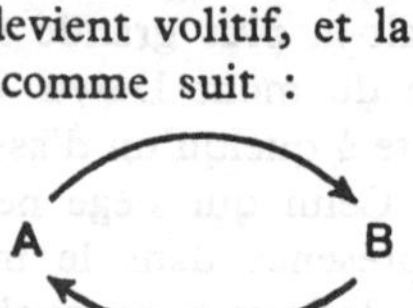

C'est-à-dire que chaque ligne droite doit se changer en courbe pour exprimer ce mouvement. Mais comme il faut se rappeler qu'il ne s'agit pas d'un simple mouvement mécanique, mais d'un être vivant, créateur, inépuisable, une flèche courbe ne peut suffire. Nous devons établir le symbole entier comme un cercle, dont nous ferons la représentation du *Dharmaçakra* : la roue cosmique dans son incessante révolution :

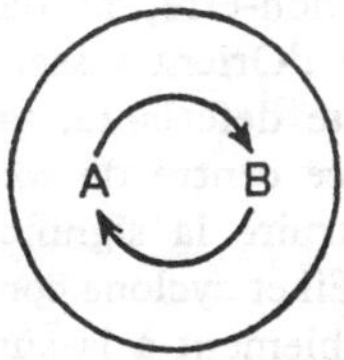

Ou bien, prendre le symbole de la philosophie chinoise du Yin et Yang comme celui du *Shō chū rai* :

Rai dans *shō chū rai* est important. Le mouvement est marqué ici, conjointement à *shi* dans le quatrième degré, *ken chu shi*. *Rai* est « sortir de » et *shi* veut dire « dans le processus d'arriver à destination » ou « se diriger vers le but ». L'abstraction logique « Logos » sort de sa retraite, s'incarne, se personnalise et s'avance dans le monde des complexités, tel « un lion à la crinière d'or ».

Ce « lion à la crinière d'or » est le « Je » qui est en même temps fini et infini ; transitoire et permanent, borné et libre, absolu et relatif. Cette image vivante rappelle le *Christ du Jugement Dernier* de Michel-Ange, dans la chapelle Sixtine. Mais le « Je » du Zen, pour autant qu'il se manifeste extérieurement, n'est pas du tout ce Christ, si énergique, autocrate, imposant. Il est doux, discret, plein d'humilité.

Certains philosophes et théologiens parlent du contraste entre le « Silence » oriental et le « Verbe » qui devient « chair » occidental. Toutefois, ils ne comprennent pas ce que l'Orient entend par « silence ». Ce « silence » ne s'oppose pas au « Verbe », il est le « Verbe » lui-même dans son « silence tonnant » et non pas un silence qui sombre dans l'abîme du non-être, ni dans l'éternelle indifférence de la mort. Le silence de l'Orient ressemble à l'œil du cyclone. Il est le centre de la tempête déferlante, sans lequel nul mouvement ne serait possible. Tirer ce centre de son contexte et en faire un concept revient à en détruire la signification. Cet œil est ce qui rend le cyclone possible. Œil et cyclone conjoints forment une totalité. Le canard qui flotte paisiblement à la surface d'un lac ne doit pas être séparé de ses pattes qui, sous l'eau, s'agitent très activement, bien qu'invisibles. Le Tout échappe aux dualistes dans sa cohérente et concrète totalité.

Ceux dont l'esprit fonctionne d'une manière dualiste sont portés à exalter l'aspect mobile et charnel de la réalité ; à lui donner le maximum d'importance en négligeant tout le reste. Par exemple, le ballet est une production typiquement occidentale. Les mouvements rythmiques du corps et des membres se déploient avec une grande vivacité dans toutes leurs complexités harmonieuses. Comparé avec la danse japonaise du *No*, quel contraste ! Le ballet est le mouvement même, avec les pieds touchant à peine le sol. Le mouvement se déploie dans les airs. La stabilité est manifestement absente. Dans le *No*, la scène offre un tout autre spectacle. Avec fermeté et solennité, comme s'il accomplissait un rite religieux, les pieds adhérant au sol, le centre de gravité du corps posé dans sa partie abdominale, l'acteur s'avance hors du *hanamichi* sous les regards attentifs de l'auditoire. Il se meut comme sans se mouvoir. Il illustre la doctrine de l'action du non-agir de Lao-tseu.

De même, l'homme du Zen n'est jamais indiscret, mais toujours effacé et en même temps sans affectation. Alors qu'il se déclare « le Très Vénéré », il n'y a rien dans sa contenance extérieure qui fasse étalage de sa vie intérieure. Il est le mobile immobile. C'est ainsi que le « Je » réel fait son apparition et non le « Je » que chacun de nous affiche la plupart du temps. C'est le « Je » qui se découvre lui-même *sub specie eternitatis* au sein de l'infini. Ce « Je » est le plus sûr des fondements que nous tous pouvons découvrir en nous-mêmes et sur lequel nous pouvons tous nous appuyer sans crainte, sans angoisse et sans ces épuisants moments d'indécision. Ce « Je » s'amenuise presque jusqu'à la non-existence, car il est sans prétention et jamais n'exige bruyamment qu'on le reconnaisse, ni qu'on en fasse grand cas. Cela échappe aux dualistes qui exaltent les danseurs de ballet et déclarent ennuyeux les acteurs de *No*.

En discutant les idées de Sullivan sur l'angoisse (cf. l'introduction), il nous est apparu que cette angoisse pouvait être de deux sortes : l'angoisse névrotique et l'angoisse existentielle, que cette dernière était plus fondamentale et qu'en outre, une fois guérie, la première se trouvait apaisée du même coup. Toute forme d'angoisse dérive du fait que, quelque part, au fond de notre conscience, gîte le sentiment d'une connaissance incomplète de notre situation. De ce manque de connaissance découle un sentiment d'insécurité qui engendre l'angoisse à tous les degrés d'intensité. Quelle que soit la situation qu'il nous faille affronter, le « Je » en est toujours le centre. Si nous ne connaissons pas parfaitement ce « Je », nous serons perpétuellement assaillis par des questions du genre :

« La vie a-t-elle un sens ? »

« Tout n'est-il vraiment que vanité des vanités ? En ce cas, il y a-t-il jamais un espoir d'atteindre à quelque chose qui en vaille vraiment la peine ? »

« Je suis jeté dans le tourbillon des faits bruts. Tous donnés, limités, absolument et définitivement invariables, etc. Je suis sans recours, je suis le jouet du destin. Et cependant j'aspire à la liberté, à être mon maître. Je ne puis choisir et toujours une décision quelconque s'impose. Je ne sais que faire. Mais qui suis-« Je » ? Qui réellement se tient derrière toutes ces déroutantes et harassantes questions ? » « Quel est le sol ferme sur lequel me tenir sans un sentiment d'angoisse ? » Et ce « Je », quel est-il ? Car je sais que « Je » peut être lui-même ce sol ferme où me tenir. Se pourrait-il que ce soit là le fait que je n'ai pas été capable de découvrir jusqu'ici ? Le « Je » doit être dévoilé. Ensuite je me porterai bien ! »

2

A toutes ces questions, le troisième degré *shō chū rai* a déjà répondu, mais arrivé au quatrième degré *ken chū shi* nous en apprendrons plus encore au sujet de ce « Je » pris dans son intense activité. Activité qui est toutefois non-activité. Ceci nous deviendra plus compréhensible encore, lorsque parvenu au cinquième et dernier degré, nous verrons l'homme du Zen atteindre son but. C'est là qu'on le découvre innocemment assis, couvert de poussière et de cendres.

4) Après ces remarques, arrivons-en au quatrième degré. En fait, le troisième et le quatrième degré sont intimement liés. L'un ne peut se concevoir sans l'autre.

Pour autant que l'homme du Zen soit un esprit incliné vers la logique ou la noétique, il demeure encore conscient du *shō* et du *hen* et peut être tenté encore de se référer à leur identité contradictoire. Mais à peine a-t-il atteint le *ken chū shi* le voilà sorti de l'œil du cyclone et plongé au sein de la tempête. Le *shō* et le *hen* disparaissent dispersés aux quatre vents. L'homme est à présent la tempête elle-même.

Ken signifie « les deux » et se rapporte au dualisme : blanc et noir, sombre et lumineux, amour et haine, bon et mauvais, qui est la réalité du monde où l'homme du Zen mène à présent sa vie. Mais alors que *shō chū rai* contient encore un rappel d'élément des deux premiers degrés, *Ken chū shi* les a dépassés. Il est la vie même, dépouillée de ses paradoxes intellectuels, ou plutôt la vie qui inclut en elle, sans discrimination ni différenciation, ou mieux encore, dans sa totalité, tout ce qui est intellectuel, affectif ou volitif. C'est le monde tel qu'il nous est donné, avec tous « ses faits bruts » selon l'expression de certains philosophes, irrécusablement dressé devant nous. L'homme du Zen a, maintenant, posé les pieds, *shi*, en plein milieu d'eux. Ici sa vraie vie commence. Tel est le sens de *Ken chū shi* : « Il est arrivé, à présent, au centre des dualités » *(ken)*. Ici, dans toute sa vérité et sa réalité, commence la vie d'amour *(karunā)* de l'homme du Zen.

Le monastère de Joshu Jushin, un des grands maîtres de la

dynastie T'ang, était situé au milieu de montagnes célèbres par un pont de pierre naturel. Un moine, en visite, dit à Joshu : « O Maître ! votre pont est célèbre dans tout l'empire, mais tel que je le vois, ce n'est rien d'autre qu'un pont de poutres branlant. »

Joshu lui répliqua : « Vous voyez le pont branlant, mais ne parvenez pas à voir le vrai pont de pierre. »

Le moine lui demanda : « Quel est le pont de pierre ? » Joshu répondit : « Les chevaux le traversent. Les ânes le traversent. »

Le pont de Joshu ressemble au sable du Gange. Toutes espèces d'animaux le foulent aux pieds, le souillent. Mais le sable du Gange ne se plaint jamais. Toutes les empreintes laissées par toutes ces créatures sont effacées en un instant et leurs ordures absorbées laissent le sable plus propre que jamais. Tel est le pont de Joshu. Chevaux et ânes le traversent et, en outre, aujourd'hui de lourds camions, des trains, des autocars, et toujours il se complaît à les servir. Même s'ils en abusent, son bonheur n'est pas troublé. L'homme du Zen, parvenu au quatrième degré, est semblable à ce pont de rocher. Il peut ne pas offrir la joue gauche après que la joue droite ait été frappée, mais il travaille en silence pour le bien de son prochain.

Une vieille femme, un jour, demanda à Joshu : « Je suis femme et la vie d'une femme est très dure : enfant elle souffre en obéissant à ses parents. Arrivée au mariage, il lui faut obéir à son mari. Vieille, elle obéit à ses enfants. Sa vie n'est qu'obéir et encore obéir. Pourquoi fut-elle créée pour mener une vie sans nul moment de liberté ni d'indépendance ? Pourquoi n'est-elle pas comme les autres êtres qui vont sans même avoir le sens des responsabilités ? Je me révolte contre ce mode de vie de la vieille Chine. »

Joshu lui répondit : « Que votre prière soit : que les autres aient ce qu'ils veulent. Quant à moi, je persévère avec le lot qui me fut assigné. » On peut dire que le conseil de Joshu n'aboutit qu'à une vie de dépendance absolue, contraire à l'esprit de la vie moderne, qu'il est trop conservateur, trop négatif, conduisant à trop d'effacement, qu'il n'y a en lui aucun sens de l'individualité. N'est-il pas typique de l'enseignement de la *khsanti* bouddhique : passivité, néant ? Laissons Joshu répondre lui-même à cette objection, exprimer son idée personnelle. On lui demanda un jour : « Vous, une personne d'une sainteté aussi éminente, où irez-vous après votre mort ? »

Et Joshu répondit : « Je plongerai en enfer en tête de vous tous. »

L'interlocuteur en resta cloué sur place. « Comment cela ? », demanda-t-il.

Le maître n'hésita pas : « Si je ne vais pas le premier en enfer, qui, là-bas, s'occupera de votre salut ? »

C'est là, en vérité, une affirmation énergique, mais, au point de vue du Zen de Joshu, pleinement justifiée. Il fallait qu'il n'y ait plus la moindre motivation égoïste dans sa vie, qu'elle fût entièrement dévouée au bien d'autrui, pour pouvoir faire une déclaration aussi directe, aussi dépourvue de toute équivoque. Le Christ déclarait : « Je suis la Voie. » Il appelait les autres à se sauver par lui. L'esprit de Joshu est celui du Christ. Aucun des deux ne possédait un esprit de suffisance égoïste. Dans leur simplicité, dans leur innocence, dans l'abondance de leur cœur, ils exprimaient le même esprit d'amour.

Quelqu'un demanda à Joshu : « Bouddha est le premier des êtres illuminés et notre maître. N'était-il pas libre de toutes les passions *(klesha)* ? »

Et Joshu répondit : « Non, il était celui qui nourrissait la plus grande des passions. »

« Comment est-ce possible ? »

« La plus grande de toutes les passions est le salut de tous les êtres. »

Un des plus grands maîtres Zen du Japon décrit ainsi la vie de l'homme du Zen arrivé à ce stade (1) :

« Le Bodhisattva mettra en branle la roue de l'identité des contradictions et oppositions : blanc et noir, sombre et lumineux, ressemblance et dissemblance, fini et infini, amour et haine, ami et ennemi, etc. Au milieu de la poussière et des nuages infiniment bigarrés, le Bodhisattva œuvre la tête et le visage couverts de cendres et de boue. Là où, dans leurs inextricables confusions, les plus violentes passions font rage, le Bodhisattva mène sa vie avec toutes ses vicissitudes selon le proverbe japonais, « sept fois renversé, huit fois redressé ». Il est telle la fleur de lotus en flamme, dont la

(1) La citation est exprimée en partie en langage moderne.

couleur croît de brillance en brillance à travers le baptême du feu. »

Voilà les termes qu'emploie Rinzai pour décrire son « homme sans aucun titre » :

« Il est celui qui est à l'intérieur de la maison et cependant n'a pas quitté la route. Il est celui qui chemine sur la route et cependant n'est pas sorti de la maison. Est-ce un homme ordinaire ou un grand sage ? Qui pourrait le dire ? Même le démon ne sait pas comment le définir. Même le Bouddha ne peut le manier à sa guise. Dès que nous tentons de le circonscrire, il n'est plus là ; il est sur l'autre versant de la montagne.

Dans le *Sutra du Lotus* on lit ceci : « Aussi longtemps qu'il restera une seule âme solitaire à sauver, je reviendrai en ce monde pour l'aider. » Dans le même Sutra, Bouddha s'exprime ainsi : « Un Bodhisattva jamais n'entrera dans le Nirvâna final. Il restera parmi tous les êtres *(sarvasattva)* à travailler à leur édification et à leur illumination. Il veillera à n'éviter aucune somme de souffrances, si elles doivent aboutir au bien-être général. »

Il y a un sutra du *Mahayana* appelé *Yuima-kyo (sutra de Vimala kirti)*. Le principal interlocuteur est, ici, un disciple laïc du Bouddha, un grand philosophe. Un jour qu'il était malade, le Bouddha voulut envoyer un disciple s'enquérir de sa santé. Aucun n'accepta, car Yuima était un interlocuteur redoutable qu'aucun de ses contemporains ne parvenait à battre. Monju (Manjusri) se chargea de remplir cette mission.

Lorsque Monju demanda à Yuima des nouvelles de sa santé, ce dernier lui répondit : « Je suis malade, car tous les êtres sont malades. Mon mal ne guérira que lorsque tous les êtres seront guéris. Ils sont sans relâche attaqués par Avidité, Colère et Folie. »

Nous pouvons voir par là que l'Amour et la Compassion sont l'essence de l'état de Bouddha et de Bodhisattva. Ces « passions » les font demeurer parmi les êtres aussi longtemps qu'il en restera un seul qui n'aura pas atteint l'illumination. « Dans ce monde d'épreuves, ils vont et viennent huit mille fois », dit un proverbe japonais, voulant dire que Bouddha et Bodhisattva visiteront un nombre incalculable de fois ce monde plein d'insupportables souffrances, qui est le nôtre, car leur amour ne connaît pas de limites.

Une des grandes contributions de la Chine au Bouddhisme fut

l'idée de travail. La première tentative consciente pour établir le travail comme un des aspects du Bouddhisme fut faite il y a environ mille ans par Hyakujo, fondateur du système monacal Zen en tant que distinct des autres institutions bouddhiques. Avant lui, la principale occupation des moines bouddhistes était l'étude, la méditation, l'observation des préceptes *vinaya*. Mais cela ne satisfaisait pas Hayakujo.

Il désirait suivre l'exemple de Yeno, le Sixième Patriarche, qui fut fermier dans le sud de la Chine et gagnait sa vie en coupant du bois et en vendant des combustibles. Admis dans une communauté, Yeno fut chargé de l'arrière-cour. Il y broyait le riz, préparait les fagotins et accomplissait d'autres menus travaux manuels.

Quand Hyakujo fonda un nouveau monastère à l'usage exclusif des moines Zen, une des règles qu'il établit fut le travail. Chaque moine, y compris le maître lui-même, devait se charger de quelque travail manuel ou servile. Même vieux, Hyakujo refusa d'abandonner son travail de jardinier. Préoccupés par son grand âge, ses disciples cachèrent ses outils de jardinage pour l'empêcher de travailler aussi durement qu'à l'accoutumée, mais Hyakujo déclara : « Si je ne travaille pas, je ne mangerai pas. »

Pour cette raison, un des caractères des monastères Zen, au Japon comme en Chine, est leur propreté et leur ordre méticuleux. Les moines sont prêts à se charger de n'importe quelle tâche, aussi sordide et peu attrayante qu'elle puisse être.

L'amour du travail est profondément enraciné dans l'esprit chinois et cela depuis l'Antiquité, si l'on en croit l'histoire du fermier de Tchouang-tseu, rapportée dans le premier chapitre. Ce fermier refusait de se servir du shadouf, car il ne redoutait pas un surcroît de travail, et cela pour l'amour du travail en lui-même. Ce qui est en désaccord avec l'esprit occidental et, en vérité, avec l'idée moderne qu'il nous faut inventer mille engins de toutes espèces pour économiser le travail. Mais après avoir réussi à s'épargner le travail et avoir acquis tout le loisir désirable pour se consacrer au plaisir ou à n'importe quelle autre forme d'occupation, les peuples modernes s'affairent à découvrir mille raisons pour se plaindre de l'insatisfaction de leur vie et à inventer des armes capables de tuer des milliers d'êtres humains par la simple pression d'un bouton.

A les entendre, c'est pour préparer la paix ! N'est-il pas stupéfiant de voir que si le mal fondamental, dissimulé dans la nature humaine, n'est pas détruit et que le champ libre est laissé entièrement à l'intellect, il s'escrimera à découvrir le moyen le plus facile et le plus rapide pour se rayer de la surface de la terre. Lorsque le fermier de Tchouang-tseu refusait d'asservir son esprit à la machine, n'avait-il pas prévu tous les maux qui allaient survenir quelque vingt et un ou vingt-deux siècles après lui ? « Lorsqu'une abondance de loisirs est laissée à l'homme médiocre », dit Confucius, « on peut être sûr qu'il inventera toutes sortes de choses pernicieuses ».

Avant de terminer ceci, examinons ce qu'on pourrait appeler les six vertus cardinales du Bodhisattva ou de l'homme du Zen.

(1) *Dāna* (charité)
(2) *Sīla* (morale)
(3) *Kṣānti* (humilité)
(4) *Vīrya* (énergie)
(5) *Dhyāna* (méditation)
(6) *Prajñā* (sagesse).

(1) Charité ou don, c'est donner sans réserve pour le bénéfice et le bien de tous les êtres *(sarvasattva)*, tout ce qui est susceptible d'être donné. Non seulement biens matériels, mais aussi connaissances pratiques, religieuses ou spirituelles. (La connaissance appartient au *Dharma*, vérité ultime.) Les Bodhisattvas sont prêts à renoncer même à la vie pour le salut des autres. (Dans le *Jataka* abondent les récits merveilleux sur les Bodhisattvas.)

Il y a un récit fameux dans l'histoire du Bouddhisme japonais sur le sacrifice de soi d'un maître Zen. C'était durant la période politique appelée l'Ere Guerrière. Au VIe siècle, le Japon était déchiré entre plusieurs duchés indépendants, contrôlés par des seigneurs guerriers. L'un d'entre eux, Oda Nobunaga, devint le plus puissant. Après que la famille voisine des Takeda eût été battue, l'un de ces derniers se réfugia dans un monastère Zen. L'armée de Oda demanda qu'il soit livré entre leurs mains, l'abbé refusa en disant : « Il est à présent sous ma protection et en tant que disciple de Bouddha, je ne puis l'abandonner. » Le général assiégeant menaça de brûler le monastère avec tous ses occupants. Comme l'abbé ne cédait pas, l'édifice, composé de plusieurs bâtiments, fut livré aux flammes. L'abbé et les quelques moines qui voulurent se joindre à lui furent conduits au deuxième étage de la tour du porche. Là, ils s'assirent dans la position du lotus et l'abbé, après leur avoir demandé d'exprimer toute pensée qui leur viendrait à l'esprit en cette occasion, déclara à ses fidèles d'avoir à se préparer pour leur dernier moment. Chacun exprima sa pensée. Arrivé au tour de l'abbé, celui-ci récita calmement les lignes suivantes et ensuite se laissa brûler vif avec les autres :

> Pour la calme pratique du Dhyana,
> Il n'est pas nécessaire de se retirer dans la montagne.
> Ayez l'esprit purifié de passions
> Et même les flammes seront douces et fraîches.

(2) *Sīla* est l'observation des préceptes donnés par le Bouddha, favorables à la vie morale. Dans le cas de tous les sans-foyer, ces préceptes visent à maintenir l'ordre dans les confraternités *(sangha)*. *Sangha* est une société modèle dont l'idéal est de mener une vie paisible et harmonieuse.

(3) *Kṣānti* est généralement compris dans le sens de « patience », mais il signifie « traverser les humiliations avec patience », ou mieux encore « avec égalité d'âme ». Selon les paroles de Confucius : « Même si ses mérites ne sont pas reconnus, l'homme supérieur ne nourrira aucun mauvais sentiment. » Nul fidèle bouddhiste ne se croira humilié s'il n'est pas apprécié à sa juste valeur, et même s'il est injustement ignoré. Il supportera avec une patience égale les circonstances défavorables de la vie.

(4) *Vīrya* étymologiquement signifie « virilité ». Il faut toujours déployer énergie et dévouement dans l'accomplissement de tout ce qui est en harmonie avec le Dharma.

(5) *Dhyāna* consiste à conserver la paix de l'esprit en toutes circonstances, favorables ou défavorables. A ne se laisser ni troubler ni décevoir, même à travers une succession de revers. Cela requiert un grand entraînement.

(6) *Prajñā*. Il n'existe pas de mot dans les langues européennes équivalant à ce terme, car les Européens ne connaissent pas d'expé-

rience spécifique équivalant à *Prajñā*. *Prajñā* est l'expérience d'un homme qui ressent, dans le sens le plus fondamental, l'infinie totalité des choses. En terme de psychologie, cela signifie que l'ego limité brise sa dure écorce et se rattache à l'infini qui enveloppe tout ce qui est fini, borné et transitoire. On peut considérer cette expérience comme apparentée à ce que serait l'intuition globale de quelque chose qui transcende toutes nos expériences particularisées et spécifiques.

3

5) Nous voilà arrivés au dernier degré : *Ken chū tō*. La différence entre celui-ci et le quatrième réside dans l'emploi de *tō* à la place de *shi*. Ces deux mots, en fait, signifient la même chose : arriver, atteindre, mais *shi*, selon l'interprétation traditionnelle, n'a pas encore parachevé l'acte d'atteindre. Le voyageur est encore sur le chemin du but alors que *tō* indique l'acte accompli. L'homme du Zen a atteint son objectif. Il a rejoint la destination, mais il travaille avec le même acharnement qu'autrefois. Il est toujours au milieu de ce monde avec autrui, son prochain. Ce qui a changé ce ne sont pas ses activités quotidiennes, mais sa subjectivité. Hakuin, le fondateur de l'école Rinzai moderne, au Japon, a composé ces vers à ce propos :

> « En louant les services de ce sage-idiot,
> « Travaillons tous à remplir ce puits de neige. »

Après tout, il y a peu à dire sur la vie de l'homme du Zen. Son comportement ne révèle pas grand-chose. Il est entièrement absorbé dans sa vie intérieure. Extérieurement, il peut n'être qu'un loqueteux qui travaille comme un insignifiant valet de ferme. Dans le Japon féodal, bien souvent, des hommes du Zen furent découverts ignorés parmi les mendiants. On en connaît tout au moins un cas historique. Après la mort d'un miséreux, on examina par hasard le bol qu'il utilisait pour mendier sa nourriture et l'on y découvrit une inscription en chinois classique exprimant ses vues sur l'existence et sa compréhension du Zen. Bankei lui-même, le grand maître Zen, a vécu parmi les mendiants avant que, découvert, il consentit à instruire un des seigneurs féodaux de son temps.

Avant de terminer, je voudrais rapporter deux ou trois *mondo*, caractéristiques du Zen, j'espère qu'ils jetteront quelque lumière sur les descriptions précédentes de la vie de l'homme du Zen. Peut-être l'un des faits les plus marquants de cette vie est que la notion d'amour, telle qu'elle est comprise par les bouddhistes, manque totalement de ces traits érotiques que nous voyons si fortement exprimés par quelques saints chrétiens. Leur amour est dirigé tout particulièrement vers le Christ. Celui des bouddhistes n'a quasiment rien à voir avec le Bouddha, mais s'adresse à tous les êtres, leur prochain, à ceux qui ne sont pas doués de conscience tout autant qu'à ceux qui le sont. Leur amour se manifeste par leur travail en faveur d'autrui, accompli de bon gré et dans l'oubli de soi, comme nous l'avons vu plus haut.

Il y avait jadis une vieille femme qui tenait une maison de thé au pied du mont Tai-chan, où se trouvait un monastère Zen célèbre dans tout l'Empire. A chaque moine voyageur qui lui en demandait le chemin, elle répondait : « Allez tout droit. » Si le moine prenait la direction indiquée, elle commentait : « Encore un qui prend la même voie ! » Les moines Zen ne savaient trop comment prendre cette remarque.

L'histoire parvint à Joshu qui dit : « Très bien, j'irai voir le genre de femme que c'est. » Joshu, arrivé à la maison de thé, demanda à la vieille femme la route du Tai-chan. Elle lui fit la réponse attendue, et Joshu fit ce que les autres moines avaient fait. Là-dessus, la femme commenta : « Quel excellent moine ! il prend exactement la même route que les autres. » Joshu, revenu dans sa communauté, déclara : « Aujourd'hui, je l'ai percée à jour et de fond en comble. »

Nous pouvons nous demander ce que le vieux maître a bien pu découvrir en cette femme ? Son comportement fut exactement le même que celui des autres moines. C'est là un problème que chacun de nous doit résoudre à sa manière.

Pour résumer, voici donc ce que le Zen attend de nous : Rechercher l'illumination et aider les autres à l'obtenir. Le Zen possède ce qu'on appelle des prières, bien qu'elles soient totalement différentes de ce que le christianisme entend par là. On en cite généralement quatre, dont les deux dernières sont comme un élargissement des deux premières.

a) Aussi innombrables que soient les êtres, je prie pour qu'ils soient tous sauvés.

b) Aussi inépuisables que soient les passions, je prie pour qu'elles soient toutes extirpées.

c) Aussi incommensurable que soit le Dharma, je prie pour qu'il puisse être totalement étudié.

d) Aussi suprêmement élevée que soit la voie de Bouddha, je prie pour qu'elle puisse être parfaitement atteinte.

Le Zen peut, en certaines circonstances, apparaître sous un jour trop énigmatique, trop sibyllin, plein de contradictions, mais somme toute sa discipline et son enseignement sont assez simples :

Faire le bien,
Eviter le mal,
Purifier son cœur,
Telle est la Voie du Bouddha.

N'est-ce pas valable pour toutes les conditions humaines, aussi bien modernes qu'anciennes, occidentales qu'orientales ?

DEUXIÈME PARTIE

Psychanalyse et Bouddhisme Zen

PAR ERICH FROMM

En confrontant Bouddhisme Zen et Psychanalyse, on se trouve face à deux systèmes traitant l'un et l'autre d'une théorie sur la nature de l'homme et d'une méthode pour assurer son bien-être. Chacun d'eux est l'expression typique d'un mode de pensée, oriental et occidental. Le *Bouddhisme Zen* est le mariage de l'abstraction et de la rationalité de l'Inde avec le réalisme et le sens pratique de la Chine. La Psychanalyse est un produit aussi purement occidental que le Zen est oriental. C'est l'enfant de l'humanisme et du rationalisme de l'Occident et de cette quête romantique des forces sombres qui échappent au contrôle de la raison, née au XIXᵉ siècle. En remontant beaucoup plus haut, on peut trouver comme ancêtres à cette approche thérapeutico-scientifique de l'homme, la sagesse grecque et l'éthique hébraïque.

En dépit du fait que tous deux, Psychanalyse et Zen, traitent de la nature de l'homme et d'une méthode pour la transformer, leurs divergences semblent l'emporter sur leurs similitudes. La Psychanalyse est une méthode scientifique, a-religieuse par essence ; le Zen, une théorie et une technique destinées à conduire à « l'illumination », expérience qu'on appellerait en Occident religieuse ou mystique. La Psychanalyse est une thérapeutique des maladies mentales, le Zen une voie qui mène à la salvation. Peut-il naître autre chose d'une discussion sur la relation entre Zen et Psychanalyse que l'affirmation d'une radicale et infranchissable différence ? Il est incontestable, cependant, que l'intérêt pour le Zen croît parmi les psychanalystes (1). Quelles sont les sources d'un tel intérêt ? Et quelle en est la signification ? Cet essai tente de répondre à ces questions. Je ne m'efforcerai pas de fournir une explication du Zen, tâche qui dépasserait ma compétence et mon expérience de la chose, pas plus que je ne tenterai de fournir une explication exhaustive de la psychanalyse, tâche qui outrepasserait le but de cet essai. Néanmoins, dans la première partie, j'exposerai d'une manière quelque peu détaillée les aspects de la psychanalyse qui relèvent immédiatement de sa relation avec le Zen et qui, d'autre part, constituent les principes fondamentaux de la prolongation de l'analyse freudienne que j'appelle parfois « psychanalyse humaniste ». J'espère montrer ainsi en quoi l'étude du Zen est d'une importance vitale pour moi et, comme je le crois, pour tout étudiant en psychanalyse.

(1) Cf. l'Introduction de C. JUNG au *Zen Buddhism* de D. T. SUZUKI (Londres, Ridder, 1949) et *La doctrine suprême selon la pensée zen* d'Hubert BENOÎT (Paris, « Le Courrier du Livre », 1967, 12, rue de Seine). Karen Horney, dans les dernières années de sa vie s'intéressa énormément au Zen. La conférence tenue à Cuernavaca, Mexique, dont ce livre est issu, est un autre témoignage de l'intérêt des psychanalystes pour le Zen. D'autre part, au Japon il existe également un intérêt considérable quant aux relations entre psychothérapie et le Zen. Cf. l'essai de ROJI SATO, Psychotherapeutic implications of Zen, dans *Psychologia, An International Journal of Psychology in the Orient*, vol. I, nº 4 (1958), et d'autres essais de même origine.

CHAPITRE PREMIER

Le rôle de la psychanalyse dans la crise spirituelle contemporaine

En premier lieu, il nous faut considérer la crise spirituelle que traverse l'homme occidental dans cette période de son histoire d'une importance cruciale et le rôle qu'y joue la psychanalyse.

Bien que la majeure partie des Occidentaux n'ont pas conscience de traverser une époque de crise culturelle (probablement la majorité des gens qui traversèrent une époque de crise fondamentale n'en ont jamais pris conscience), l'existence d'une telle crise est dûment constatée, tout au moins par des observateurs critiques. C'est la crise décrite comme « malaise », « ennui », « mal du siècle » (1). C'est la perte de vitalité, l'automatisation de l'homme, son aliénation à lui-même, à ses semblables, à la nature (2). L'homme a poussé le rationalisme jusqu'au point où le rationalisme se métamorphose lui-même en totale irrationalité. Depuis Descartes, l'homme n'a fait qu'accroître la rupture entre pensée et affect. Seule la pensée est tenue pour rationnelle, et l'affect, à cause de sa nature même, pour irrationnel. La personne, le *Je*, s'est divisée en un intellect qui constitue seul mon vrai moi et dont le rôle est de *me* contrôler tout comme il doit contrôler la nature. Le contrôle de la nature par l'intellect

(1) En français dans le texte.

(2) Cf. Kierkegaard, Marx, Nietzsche, et de nos jours les philosophes existentialistes, et Lewis Mumford, Paul Tillich, Eric Kahler, David Riesman, et d'autres.

et la production d'un nombre toujours croissant d'objets deviennent le but souverain de la vie. Au cours de ce processus, l'homme s'est transformé lui-même en objet. La vie est devenue tributaire de la propriété. « Etre » est dominé par « Avoir ». Alors que les fondements de la culture occidentale à la fois hébraïque et grecque considéraient la *perfection de l'homme* comme le but de la vie, de nos jours c'est *la perfection des objets* et la science de leur fabrication qui préoccupent essentiellement l'homme moderne. L'homme est dans un état d'incapacité schizoïde à éprouver l'affect, d'où son angoisse, sa dépression, son désespoir. Il ne rend qu'un tribut simplement verbal à des idéaux comme ceux de bonheur, d'individualité, d'initiative. En réalité, il ne connaît aucun idéal. Qu'on l'interroge sur le sens de sa vie et de toutes ses luttes, il serait bien embarrassé de répondre. L'un affirmerait vivre pour sa famille, l'autre pour « se payer du bon temps », un autre encore pour faire de l'argent. En réalité, personne ne sait pourquoi il vit et n'a d'autre but que d'échapper à l'insécurité et à la solitude.

Il est vrai que jamais l'Eglise n'a compté autant de membres, que les livres traitant de sujets religieux sont devenus des *best-sellers*, que jamais auparavant les gens n'ont tant parlé de Dieu. A vrai dire, ces démonstrations religieuses recouvrent une attitude profondément matérialiste et irréligieuse, et doivent être comprises comme une réaction idéologique due au conformisme et à l'insécurité — aux tendances du XIXe siècle défini par Nietzsche dans son célèbre *Dieu est mort*. En tant qu'attitude religieuse authentique, cela n'a aucune valeur.

D'un certain point de vue, l'abandon des idées déistes n'est pas un progrès négligeable. L'homme a fait un grand bond en avant au point de vue de l'objectivité. La terre a cessé d'être le centre de l'univers et l'homme d'y jouer le rôle prédominant du maître des autres créatures, destiné par Dieu à les asservir. Freud a découvert, en étudiant avec une objectivité toute nouvelle les motivations cachées de l'homme, que la foi en un Dieu omniscient et tout-puissant avait ses racines dans la déréliction de l'existence humaine et dans la tentative de l'homme de compenser cette déréliction par la foi en un père et une mère secourables, représentés par Dieu dans le ciel. Il a vu que l'homme ne peut être sauvé que par lui-même ;

que l'enseignement des grands maîtres, que l'aide affectueuse des parents, des amis, des bien-aimés peuvent l'aider, mais l'aider uniquement dans le courage d'accepter le défi de l'existence et d'y répondre avec toutes ses forces et tout son cœur.

L'homme a rejeté l'illusion d'un Dieu à l'image d'un père secourable, mais a rejeté aussi les visées de toutes les grandes religions humanistes : dépasser les limitations d'un soi égocentrique, réaliser l'amour, l'objectivité et l'humilité, et respecter la vie afin que la vie devienne un but en elle-même et l'homme, ce qu'il est en puissance d'être. Telles étaient les visées des grandes religions occidentales et telles étaient aussi celles des grandes religions orientales. Toutefois, l'Orient n'était pas accablé par le concept d'un père-sauveur transcendant, qui exprimait les aspirations des religions monothéistes. Taoïsme et Bouddhisme ont une rationalité et un réalisme supérieurs à ceux des religions occidentales. Ils sont capables de voir l'homme objectivement dans sa réalité, n'ayant pour le guider personne d'autre que les « éveillés » et capable d'être guidé parce qu'en lui-même se trouve la capacité d'être éveillé et illuminé. C'est la raison très précise pour laquelle la pensée religieuse orientale — Taoïsme, Bouddhisme et le Zen, qui en est la fusion — a pris de nos jours une telle importance pour l'Occident. Le Zen aide l'homme à trouver une réponse à la question de l'existence. Cette réponse est par essence la même que celle apportée par la tradition judéo-chrétienne, mais qui toutefois ne contredit pas la rationalité, le réalisme et l'indépendance qui sont les plus précieuses réalisations de l'homme moderne. Paradoxalement, la pensée religieuse de l'Orient se révèle plus en harmonie avec la pensée rationnelle de l'Occident que sa propre pensée religieuse.

Chapitre II

Valeurs et buts de la psychanalyse selon la conception de Freud

La *psychanalyse* est l'expression caractéristique de la crise spirituelle que traverse l'homme occidental ainsi qu'une tentative d'y apporter une solution. Ceci apparaît distinctement dans une très récente évolution de la psychanalyse en analyse « humaniste » ou « existentielle ». Mais avant de discuter de ma propre conception « humaniste » de l'analyse, je voudrais montrer qu'à l'opposé de l'opinion la plus largement admise, le système de Freud lui-même transcendait les notions de « maladie » et de « soin » et se préoccupait plus d'une méthode de « salut » de l'homme que d'une simple thérapeutique à l'usage de malades mentaux. A première vue, Freud avait été le créateur d'une thérapeutique nouvelle des maladies mentales. Son intérêt principal et l'effort de toute sa vie étaient orientés dans ce sens-là. Mais à y regarder de plus près, nous découvrons que derrière la notion d'une thérapeutique médicale pour la guérison des névroses se cache un souci très différent, rarement exprimé par Freud et dont il fut peut-être même rarement conscient. Cette notion cachée ou tout bonnement implicite ne traitait pas primordialement de la guérison des maladies mentales, mais de quelque chose qui transcendait la notion de maladie et de guérison. Quel était ce « quelque chose » ? De quelle nature était le « mouvement psychanalytique » fondé par Freud ? Quelle était sa vision de l'homme futur ? Sur quel dogme avait-il fondé son mouvement ?

Freud a répondu très clairement à ces questions par la phrase suivante : « Là où était l'Id, sera l'Ego. » Son but était la domination par la raison des passions irrationnelles et inconscientes. Il fallait que dans la mesure de ses possibilités, l'homme se libérât du pouvoir de l'inconscient. Il fallait que l'homme devint conscient des forces inconscientes qui l'habitaient, afin de les contrôler et de les dominer. Le but de Freud était d'atteindre à la connaissance optimale de la vérité, qui est connaissance de la réalité. Pour Freud, cette connaissance est la seule lumière que l'homme possédât pour le guider sur cette terre. Ce but fut aussi celui du rationalisme, de la Philosophie des lumières et de l'éthique des Puritains, mais alors que cet idéal de *self-control*, religion et philosophie le postulaient d'une manière qu'on pourrait appeler *utopique*, Freud était — ou croyait être — le premier à lui avoir donné une base *scientifique* (par l'exploration de l'inconscient) et ainsi à lui ouvrir la voie de la réalisation. Bien que Freud représentât le point culminant du rationalisme occidental, il dut à son génie d'avoir dépassé l'aspect faussement rationnel et superficiellement optimiste du rationalisme, et d'avoir créé une synthèse avec le romantisme, le mouvement même qui, au XIXe siècle, par son intérêt et son souci du côté affectif et irrationnel de l'homme, s'opposa au rationalisme (1).

Quant à ce qui regarde le traitement de l'individu, Freud eut à cœur, beaucoup plus qu'on ne l'a généralement cru, le but philosophique et éthique du traitement. Dans ses *Conférences d'introduction*, il parle des tentatives de certaines pratiques mystiques pour amener une transformation à la base de la personnalité. « Nous devons admettre », poursuit-il, « que les efforts thérapeutiques de la psychanalyse ont choisi un mode d'approche similaire. Son intention est de fortifier l'Ego, de le rendre plus indépendant du Super-Ego, d'élargir son champ d'observation, afin de pouvoir se rendre maître de nouvelles régions de l'Id. Là où était l'Id, sera l'Ego. C'est un travail de culture tel que la conquête du Zuyderzee. » Dans la même veine, il parle encore de la thérapeutique psychana-

(1) Pour plus amples détails sur le caractère quasi religieux du mouvement psychanalytique créé par Freud, cf. *Sigmund Freud's Mission*, World Perspective Series, édit. R. N. Anshen (New York, Harper ; Londres, Allen & Unwin, 1959), par Eric FROMM.

lytique comme de « *la libération de l'être humain*, de ses symptômes névrotiques, inhibitions et anormalités de caractère » (1). Il voit aussi le rôle de l'analyste sous un jour qui transcende celui du médecin qui « soigne » un malade. « L'analyste », dit-il, « doit être dans une position en quelque sorte supérieure; Il lui faut servir de *modèle* pour le patient dans certaines situations analytiques et dans d'autres lui servir d'*enseignant* » (2). « Et finalement », écrit Freud, « nous ne devons pas oublier que la relation entre patient et analyste est basée sur un *amour de la vérité*, autrement dit sur la reconnaissance de la réalité, ce qui exclut toute forme de *feinte* et de *tromperie* » (3).

Il existe d'autres facteurs, dans la conception de la psychanalyse chez Freud, qui dépassent la notion conventionnelle de maladie et de soin. Ceux qui sont familiarisés avec la pensée orientale, et particulièrement avec le Zen, remarqueront que ces facteurs dont je ferai mention ne sont pas sans rapport avec les concepts et les pensées de l'esprit oriental. Le premier principe que je mentionnerai ici est le concept de Freud que *la connaissance conduit à la transformation*, que théorie et pratique ne peuvent être séparées, que dans l'acte même de se *connaître* on *se transforme*. Il est à peine nécessaire de souligner à quel point cette idée diffère des concepts de la psychologie scientifique du temps de Freud aussi bien que du nôtre, où la connaissance en elle-même reste une connaissance théorique, dont la fonction n'est pas la transformation du connaissant.

Sous un autre aspect encore, la méthode de Freud est intimement liée avec la pensée orientale et avec le Bouddhisme Zen en particulier. Freud ne partage pas la haute estime pour notre mode de pensée consciente, si caractéristique de l'homme occidental moderne. Bien au contraire, il estime que notre pensée consciente n'est qu'une partie minime du processus psychique total mis en branle en nous, insignifiante en comparaison de la puissance formidable de nos sources intérieures, sombres, irrationnelles et inconscientes à la fois. Freud, dans son désir d'arriver à la vision intérieure de la nature

(1) Analysis Terminable and Unterminable, *Collected Papers*, Hogarth Press, p. 316. (C'est moi qui souligne, E. F.)
(2) *Ibid.*, p. 351. (C'est moi qui souligne, E. F.)
(3) *Ibid.*, p. 352. (C'est moi qui souligne, E. F.)

réelle de l'individu, désirait forcer le système conscient de la pensée par sa méthode des *associations libres*. L'association libre devait passer outre la pensée consciente et conventionnelle. Cette méthode devait nous faire atteindre une source nouvelle de notre individualité, autrement dit, l'inconscient. Quelles que soient les critiques que l'on puisse faire quant au *contenu* de l'inconscient freudien, le fait demeure qu'en soulignant l'opposition de l'association libre à la pensée logique, il devançait sur un point capital le mode de pensée rationaliste et conventionnel du monde occidental. Il s'avançait ainsi dans une direction qu'avait poursuivie plus audacieusement et plus fondamentalement la pensée du monde oriental.

Il y a un autre point sur lequel l'attitude de Freud diffère totalement de celle de ses contemporains occidentaux. Je fais allusion ici au fait qu'il était disposé à analyser une personne pendant un, deux, trois, quatre et cinq ans, voire plus encore. Ce procédé fut la raison d'un grand nombre de critiques contre Freud. Il va sans dire qu'il faut tenter de rendre une analyse aussi efficace que possible, mais ce que je tiens à souligner ici c'est que Freud a eu le courage d'affirmer qu'on pouvait raisonnablement dépenser plusieurs années avec une seule personne dans l'unique intention de l'aider à se comprendre elle-même. Si l'on s'en tient à la notion d'utilité ou de profit et perte, cela n'a pas grand sens. On pourrait être tenté de dire qu'il ne vaut guère la peine de dépenser tant de temps pour une analyse, si l'on considère *l'effet social* de la transformation d'une seule personne. La méthode de Freud n'a de sens que si l'on dépasse la notion moderne de « valeur », d'équilibre entre fins et moyens, de bilan pour tout dire. Si l'on adopte le point de vue qu'un être humain ne se compare à aucun *objet*, que son émancipation, son bien-être, son illumination ou quel que soit le terme qu'on veuille employer, est en soi une question de « préoccupation ultime », il n'y a aucune somme de temps ou d'argent qui puisse s'évaluer en terme quantitatif par rapport à un tel but. C'était là la manifestation d'une attitude qui dépassait sur un point important la pensée conventionnelle de l'Occident que d'avoir eu la vision et le courage d'élaborer une méthode impliquant une sollicitude constante envers une seule personne.

Ces remarques précédentes n'impliquent nullement que Freud

avait conscience d'être proche de la pensée orientale ou particulièrement de la pensée Zen. Beaucoup de ces éléments étaient dans l'esprit même de Freud, plus implicites qu'explicites, plus inconscients que conscients. Freud était par trop fils de la civilisation occidentale, et particulièrement de la pensée des XVIIIe et XIXe siècles, pour être proche de la pensée orientale telle qu'elle s'exprime dans le Zen, même s'il avait été familiarisé avec elle. Le portrait freudien de l'homme est dans ses traits essentiels celui que développèrent économistes et philosophes des XVIIIe et XIXe siècles. Ceux-ci voyaient l'homme comme essentiellement compétitif, isolé, et que seul le besoin d'échanger des satisfactions d'ordre économique ou instinctuel reliait à autrui. Selon Freud, l'homme n'est qu'un mécanisme mis en branle par la libido avec comme principe régulateur le maintien de la libido au minimum de l'excitation. Il concevait l'homme comme un être fondamentalement égoïste, lié à ses semblables par la nécessité partagée de satisfaire des désirs instinctuels. Pour Freud, le plaisir était le relâchement de la tension et non l'expérience de la joie. L'homme était perçu comme déchiré entre son intellect et ses affects. Ce n'était pas l'homme total, mais le soi-intellect des philosophes des Lumières. L'amour fraternel était une exigence déraisonnable, contraire à la réalité, l'expérience mystique, une régression vers le narcissisme infantile.

J'ai tenté de montrer qu'en dépit de ces contradictions flagrantes avec le Bouddhisme Zen, le système freudien possédait des éléments qui dépassaient la notion conventionnelle de maladie et de cure, ainsi que la notion traditionnelle et rationaliste de conscience. Ces éléments devaient conduire la psychanalyse à un développement postérieur doué d'une affinité plus directe et plus positive avec la pensée Zen.

Toutefois, avant d'en arriver à discuter des liens entre la psychanalyse « humaniste » et le Bouddhisme Zen, je voudrais attirer l'attention sur un changement d'une importance capitale pour la compréhension du développement ultérieur de la psychanalyse : celui de la catégorie de patients qui viennent en analyse et des problèmes qu'ils présentent.

Au début de ce siècle, les patients demandaient principalement au psychiatre la guérison des symptômes dont ils souffraient. C'était tantôt un bras paralysé, tantôt un symptôme obsessionnel, telle une tendance compulsive à se laver, tantôt des pensées obsessionnelles dont ils ne pouvaient se libérer. En d'autres termes, ils étaient « malades » au sens médical du mot. Quelque chose les empêchait de se comporter socialement comme se comporterait une personne soi-disant normale. Si tels étaient les maux dont ils souffraient, leur notion de cure correspondait à leur notion de maladie. Ils désiraient être débarrassés de leurs symptômes, et leur notion de « bien-être » était... n'être pas malade. Ces patients désiraient être aussi bien portants que le sont la moyenne des gens dans notre société, ou comme nous pourrions aussi l'exprimer, ils voulaient n'être pas plus malheureux, ni plus troublés qu'eux.

Ce genre de patients ont encore recours à l'analyste et pour eux la psychanalyse est toujours la thérapeutique dont le but est d'écarter leurs symptômes et de leur permettre un comportement socialement normal. Mais si auparavant ils composaient la majorité de la clientèle de l'analyste, à présent ils en sont la minorité. Non pas que leur nombre absolu est moindre aujourd'hui qu'autrefois, mais ce nombre est relativement moindre par rapport à celui des nouveaux « patients », dont le comportement est normal, qui ne sont pas malades dans le sens conventionnel du terme, mais qui souffrent de la « maladie du siècle », de ce malaise, de cet engourdissement intérieur dont j'ai parlé plus haut. Ces nouveaux « patients » viennent trouver l'analyste sans trop savoir ce dont ils souffrent. Ils se plaignent de dépression, d'insomnie, de leur vie conjugale malheureuse, de leur travail sans joie, et de toutes sortes de troubles similaires. Ils s'imaginent que l'un ou l'autre de ces symptômes constituent leur vrai problème et qu'être débarrassés de ce trouble particulier résoudrait leur malaise. Ces malades, toutefois, ne s'aperçoivent pas que leur problème n'est pas celui de leur dépression, de leur ménage, de leur insomnie, ou de leur travail. Les différents motifs de plaintes ne sont que la forme consciente par laquelle notre culture leur permet d'exprimer un trouble bien plus profond, trouble commun aux différents patients qui s'imaginent consciemment souffrir de tel ou tel symptôme particulier. Leur souffrance commune est celle d'une aliénation d'eux-mêmes, de leur prochain, de la nature. C'est le sentiment que la vie leur file comme du sable entre leurs doigts, et qu'il leur faudra mourir sans avoir vécu. C'est le sentiment qu'au milieu de l'opulence ils vivent néanmoins sans aucune joie.

Que peut apporter l'analyste à ceux qui souffrent de cette « maladie du siècle » ? Cette aide différera et doit différer de la « cure » destinée à écarter les symptômes pathologiques de ceux qu'afflige un comportement socialement anormal. Pour ceux qui souffrent de cette aliénation, la guérison ne consistera pas dans l'*absence de maladie*, mais dans la *présence du bien-être*.

Toutefois, s'il nous faut définir le bien-être, nous rencontrons de grandes difficultés. Si nous nous maintenons dans le système freudien, le bien-être se définira, aux termes de la théorie de la libido, comme la capacité d'un fonctionnement sexuel sans entrave ou, vue sous un angle différent, comme la prise de conscience de l'Œdipe caché. Ces définitions, selon moi, ne sont que tangentes au vrai problème humain de l'existence et de la réalisation du bien-être par l'homme total. Toute tentative pour donner une réponse approximative au problème du bien-être doit dépasser le cadre de référence freudien et conduire à la discussion — si incomplète soit-elle — de la notion fondamentale de l'existence humaine, trame sous-jacente de la psychanalyse humaniste. C'est la seule voie qui nous permettra d'établir les bases d'une comparaison entre la psychanalyse et la pensée Zen.

Chapitre III

La nature du bien-être Evolution psychique de l'homme

La première approximation d'une définition du bien-être pourrait se formuler ainsi : *le bien-être, c'est être en accord avec la nature de l'homme.* Si l'on pousse plus loin cette proposition formelle, la question se pose : Que signifie se trouver en accord avec les conditions de l'existence humaine ? Quelles sont ces conditions ?

L'existence humaine pose une question. Sans qu'il y aille de sa volonté, l'homme se trouve précipité dans la vie. Il en est retiré toujours sans qu'il y aille de sa volonté. Contrairement à l'animal qui trouve en ses instincts un mécanisme intrinsèque d'adaptation à l'environnement et vit complètement intégré à la nature, l'homme est dépourvu de ce mécanisme instinctif. Il lui *faut vivre* sa vie. Il n'est pas *vécu par elle.* Il est *dans* la nature, et cependant la *transcende.* Il a conscience de lui-même et cette conscience de lui-même comme entité séparée lui donne un intolérable sentiment de solitude, d'égarement, d'impuissance. Le fait même d'être né pose un problème. Au moment de sa naissance, la vie pose une question à l'homme. A cette question il lui faut répondre. Il lui faut répondre à chaque instant de sa vie. Ce n'est ni son esprit, ni son corps qui doivent répondre. C'est *lui,* l'individu qui pense et rêve, qui mange et boit, pleure et rit — *l'homme dans sa totalité* — qui doit répondre. Et la question est celle-ci : Comment surmonter ce que crée cette expérience de la séparation, emprisonnement, souffrance, honte ?

Comment trouver l'union avec nous-même, avec notre prochain, avec la nature ? De quelque façon que ce soit, l'homme doit répondre à cette question. La folie elle-même est une réponse. Elle est le rejet de la réalité à l'extérieur de soi-même. Elle est la vie encoquillée complètement en soi-même et qui peut surmonter ainsi la terreur de la séparation.

La *question* est toujours la même. Cependant, il y a *plusieurs* réponses ou plutôt, fondamentalement, il n'y en a que deux. La première est le dépassement de la séparation et le retour à l'unité par la *régression* au stade d'unité préexistante à l'apparition même de la conscience, c'est-à-dire avant la naissance de l'homme. L'autre réponse consiste à devenir *totalement né*, à développer sa conscience, sa raison, sa capacité d'amour au point de parvenir à dépasser son propre conditionnement égocentrique, à accéder à une harmonie nouvelle, à une nouvelle unité avec le monde.

En parlant de naissance, nous nous référons généralement à l'acte physiologique qui survient pour l'enfant humain environ neuf mois après la conception. Mais la valeur de cette naissance est surestimée. Sous bien des aspects importants, la vie de l'enfant nouveau-né ressemble plus à la vie intra-utérine qu'à la vie d'un homme adulte. Toutefois, cette naissance comporte un aspect unique : le cordon ombilical est tranché et l'enfant commence sa première activité : respirer. A la suite de cela, n'importe quelle autre rupture des liens primaires lui devient possible, mais à condition que cette rupture s'accompagne d'une activité originale.

La naissance n'est pas un acte. C'est un processus. Le but de la vie est de naître d'une manière plénière et son drame est que la plupart d'entre nous meurent avant même d'être nés. Vivre est naître à chaque instant. La mort survient quand la naissance s'arrête. Physiologiquement notre système cellulaire est un processus de naissance ininterrompue. Psychologiquement, beaucoup d'entre nous, arrivés à un certain point, cessent de naître. Certains sont totalement mort-nés, ils poursuivent une vie physiologique alors que mentalement leur désir serait le retour au sein de la mère, à la terre, aux ténèbres, à la mort. Ils sont fous ou quasiment. Bien d'autres encore progressent sur le chemin de la vie, mais sans parvenir à trancher le cordon ombilical. Ils demeurent symbiotiquement reliés à la mère, au père, à la famille, à la race, à la position, à l'argent, aux dieux, etc. Jamais ils ne viennent au jour en tant que pleinement eux-mêmes, aussi ne parviennent-ils jamais à naître pleinement (1).

La réponse au problème de l'existence que représente une tentative de régression peut assumer diverses formes. Mais elles ont toutes en commun le fait qu'elles aboutissent à l'échec et la souffrance. Une fois que l'homme a été arraché à son union préhumaine, paradisiaque, avec la nature, il ne peut plus jamais retourner à l'état d'où il est sorti. Deux anges armés d'épées flamboyantes l'empêchent de rebrousser chemin. Ce n'est que par la mort ou la folie que ce retour peut s'accomplir, mais ni la vie ni la santé d'esprit ne le permettent.

L'homme peut lutter à différents niveaux pour trouver cette unité régressive, mais ce ne sont que différents niveaux d'irréalité et de pathologie. Il peut être possédé par la passion de retourner dans le sein maternel, dans la terre mère, dans la mort. Si cette passion est dévorante, incontrôlable, le résultat sera le suicide ou la folie. Une forme pathologique, moins dangereuse, de cette recherche de l'unité par régression est le désir de rester attaché au sein de la mère ou à sa main, ou encore à l'autorité paternelle. La différence entre ces diverses tentatives forme la différence entre diverses individualités. Celui qui toujours demeure attaché au sein de la mère restera l'éternel nourrisson, plein d'euphorie lorsqu'il est aimé, soigné, protégé, admiré, mais plein d'un intolérable sentiment d'anxiété lorsqu'il est menacé d'être séparé de sa toute aimante mère. Celui qui reste attaché à l'autorité paternelle peut faire montre d'une assez grande dose d'initiative et d'activité, à condition qu'il soit toujours en présence d'une autorité qui distribue ordres, récompenses et châtiments. Une autre forme d'orientation régressive apparaît dans l'instinct de destruction, dans le désir de surmonter la séparation par la passion de détruire tout, gens et choses. On peut la trouver aussi dans le désir de dévorer tout, de tout s'incorporer. C'est-à-dire, d'expérimenter le monde et son contenu comme nour-

(1) L'évolution de l'homme depuis la fixation au père ou à la mère jusqu'à l'indépendance complète a été admirablement décrite par Maître ECKART dans son *Livre Benedictus*, traduction P. PETIT, p. 237, N.R.F., 1942.

riture. Ou encore, par une destruction radicale de toute chose existante sauf d'une seule : soi-même. Pour guérir cette souffrance de la séparation il y a une autre tentative encore, celle qui consiste à édifier son propre « Ego » comme une « chose » isolée, fortifiée, indestructible. On s'éprouve en tant que sa propriété, sa propre puissance, son propre prestige et son propre intellect.

L'émergence de l'individu hors du stade d'union régressive s'accompagne du dépassement graduel du narcissisme. L'enfant, peu après sa naissance, n'a même pas conscience d'une réalité existante en dehors de lui. Lui et la mamelle de sa mère, le sein de sa mère sont une seule et même chose. Il se trouve au stade qui *précède* toute différenciation entre sujet-objet. Peu de temps après, la possibilité de cette différenciation se développe dans chaque enfant, mais uniquement dans la perception évidente d'une différence entre moi et non-moi. Quant au sens *affectif*, il faudra atteindre le stade où la maturité s'épanouit pleinement pour surmonter l'attitude narcissique d'omniscience et d'omnipotence, à supposer que ce stade puisse être jamais atteint. Cette attitude narcissique s'observe aisément dans le comportement des enfants et des névropathes, avec cette différence que chez les premiers elle est consciente et chez les autres inconsciente.

L'enfant n'accepte pas la réalité telle qu'elle est, mais telle qu'il veut qu'elle soit. Il vit au sein de ses désirs. Sa vision de la réalité est qu'elle soit ce qu'il veut qu'elle soit. Si ses désirs ne sont pas exaucés, il se fâche, et le rôle de sa colère est de forcer le monde — par l'entremise de ses parents — à correspondre à ses désirs. Dans le développement normal, cette attitude se métamorphose progressivement en celle d'une maturité qui prend conscience de la réalité, et l'accepte en elle-même avec ses lois et sa nécessité. Chez le névropathe, on constate invariablement qu'il n'a jamais atteint ce stade, ni renoncé à son interprétation narcissique de la réalité. Il persiste à vouloir une réalité conforme à son désir, et lorsqu'il constate qu'elle ne l'est pas, il réagit tantôt par la volonté de plier la réalité à ses désirs (c'est-à-dire qu'il entreprend l'impossible), tantôt par un sentiment d'impuissance, car il ne peut réaliser cette impossibilité. La notion de liberté que possède cet homme est — consciemment ou non — une notion d'omnipotence narcissique.

Alors que la notion de liberté dans un homme pleinement développé consiste à reconnaître la réalité et ses lois, à agir dans les limites des lois de la nécessité, à se relier au monde d'une manière productive par une prise de possession du monde dans la mesure de ses possibilités de pensée et d'affect.

Ces différents buts et les moyens employés pour les atteindre ne sont pas, en principe, des systèmes de *pensée* différents. Ce sont des *modes d'être* différents, des manières différentes pour un homme total de répondre à la question posée par la vie. Ce sont ces mêmes réponses données par les différents systèmes religieux qui constituent l'histoire de la religion. Depuis le cannibalisme primitif jusqu'au Bouddhisme Zen, l'humanité n'a donné, à cette question posée par l'existence, qu'un nombre restreint de réponses et chaque homme dans sa propre vie offre l'une de ces réponses. Encore qu'il ne soit généralement pas conscient de la réponse choisie. Dans notre culture occidentale, presque tout homme *s'imagine* qu'il apporte la réponse du christianisme, du judaïsme ou d'un athéisme éclairé. Toutefois si le mental de chacun pouvait être passé aux rayons X, nous verrions, en réalité, bon nombre d'adhérents au cannibalisme, d'adorateurs de totems et des tenants de toutes formes d'idolâtries, mais bien peu de chrétiens, de juifs, de bouddhistes et de taoïstes. La religion est une réponse à l'existence de l'homme, établie et codifiée. Du fait qu'elle peut être partagée avec autrui dans une conscience et un rituel commun, même la plus basse d'entre elles crée un sentiment de raison et de sécurité par le fait même de la communion avec autrui. Mais quand cette réponse n'est pas partagée, quand les désirs de régression s'opposent à la conscience et aux dogmes de la culture ambiante, alors la « religion » secrète et personnelle se fait névrose.

Si l'on veut comprendre un malade — comme tout être humain d'ailleurs — il faut découvrir quelle est *sa* réponse personnelle à la question de l'existence ou, en d'autres mots, quelle est la religion secrète, individuelle, à laquelle il voue tous ses efforts et toutes ses passions. Beaucoup de ce que l'on considère comme « problèmes psychologiques » ne sont que les conséquences secondaires de cette « réponse » fondamentale. Il est donc parfaitement inutile d'entreprendre leur « traitement » avant d'avoir compris quelle était la réponse fondamentale, c'est-à-dire la religion secrète, privée, du patient.

Reprenons maintenant la question du bien-être. Comment pourrons-nous le définir à la lumière de ce qui vient d'être dit ?

Le bien-être est l'état de celui qui est arrivé au plein développement de sa raison. Raison, ici, n'est pas pris dans le sens d'un simple jugement intellectuel, mais dans celui de la réalité appréhendée en « laissant les choses être » (selon les termes de Heidegger) ce qu'elles sont. Le bien-être n'est accessible que dans la mesure où le narcissisme personnel a été dépassé, dans la mesure où l'on se fait ouvert, coopérant, sensible, éveillé, vide (dans le sens Zen du mot). Le bien-être signifie être pleinement, affectivement, relié à l'homme et à la nature. Il consiste à dépasser la séparation et l'aliénation, à atteindre l'expérience d'une union avec tout ce qui existe — mais en continuant cependant à m'éprouver moi-même comme l'entité séparée que *je* suis en tant qu'individuel. Le bien-être signifie être totalement né, devenir réellement ce que l'on est potentiellement. Cela signifie aussi posséder la pleine capacité d'éprouver joie et douleur, ou pour l'exprimer mieux encore, de s'éveiller de cette demi-somnolence dans laquelle vit l'homme moyen, et d'atteindre enfin le réveil total. Cela signifie en plus d'être créatif. C'est-à-dire, de réagir et de répondre à moi-même, aux autres, à toutes les choses existantes. De réagir et de répondre en tant que l'homme total que je suis, à la réalité de chacun et de chaque chose tels qu'ils sont en eux-mêmes. Dans cet acte de réponse authentique se trouve l'aire de créativité, le champ de perception du monde tel qu'il est *et* de son expérimentation en tant que mien, le monde créé et transformé par l'emprise créatrice que je prends sur lui afin qu'il cesse d'être le monde étranger de « là-bas » et devienne mon propre monde. Le bien-être, en fin de compte, signifie laisser tomber son Ego personnel, renoncer à l'avidité. Cesser de poursuivre la conservation et l'accroissement de l'Ego. Il signifie être, et s'éprouver soi-même dans l'acte d'être et non dans celui d'avoir, d'entasser, de convoiter, d'utiliser.

Dans les remarques précédentes, j'ai tenté de faire saisir une évolution parallèle dans l'histoire de l'individu et de la religion. Cet essai traite de la relation entre la psychanalyse et le Bouddhisme

Zen. Aussi je crois nécessaire de m'étendre un peu plus sur certains aspects psychologiques de l'évolution religieuse.

J'ai déjà dit que le fait même de l'existence pose à l'homme une question. Cette question jaillit de la contradiction interne de l'être humain qui le fait en même temps appartenir à la nature et transcender la nature en tant que vie consciente d'elle-même. Tout homme attentif à cette question posée, et qui considère comme la « préoccupation fondamentale » de sa vie, la nécessité d'y répondre, mais d'y répondre par la plénitude de sa nature d'homme et non seulement par la pensée, est un homme « religieux ». Et tout système qui tente de donner, d'enseigner ou de transmettre une réponse à cette question est une « religion ». D'autre part, tout homme — comme toute culture — qui veut rester sourd à cette question essentielle est irréligieux. Le meilleur exemple d'un monde sourd à cette question est notre propre monde, ce monde du XXe siècle. Nous tentons d'éluder cette question par un souci de possession, de prestige, de pouvoir, de production, de plaisir et en dernier ressort en tentant d'oublier que nous — que je — existons. Il importe peu que l'homme *pense* à Dieu, même fréquemment, qu'il aille à l'Eglise, que son adhésion aux croyances religieuses soit forte, si dans la plénitude de son développement, il reste sourd et n'apporte aucune réponse au problème de l'existence, il piétine sur place. Il vit et meurt comme un de ces millions d'objets qu'il produit. Il *pense* à Dieu au lieu d'expérimenter qu'*il est* Dieu.

Toutefois, ce serait une erreur de croire que les religions ont en commun autre chose que le souci d'apporter *une* réponse au problème de l'existence. Dès qu'il s'agit de leur contenu, les religions n'ont plus aucune unité entre elles. Bien au contraire. Comme nous l'avons expliqué déjà à propos de l'individu, deux réponses s'affrontent, diamétralement opposées. La première tente de retourner au stade préhumain, préconscient de la vie, de rejeter la raison, de s'animaliser pour retrouver l'union indifférenciée avec la nature. Ce désir s'exprime sous de nombreuses formes. A l'un des pôles l'on découvre des phénomènes tels que certaines sociétés secrètes germaniques des « Berserkers » (littéralement : Chemises d'ours), dont les membres s'identifiaient à l'ours et où le jeune guerrier, au cours de son initiation, devait « transmuer son humanité par un accès de furie agressive et terrifiante, qui l'assimilait aux carnassiers enragés » (1). (Le fait que cette tendance à revenir à un stade préhumain d'union à la nature ne soit pas limitée aux sociétés primitives devient tout à fait clair, si nous établissons une parenté entre les « Berserkers » (« Chemises d'ours ») et les « Chemises brunes » d'Hitler. Tandis qu'une large part des membres du Parti national-socialiste était composée de simples politiciens civils, opportunistes sans vergogne, politiciens ambitieux, junkers, généraux, hommes d'affaires et bureaucrates, le cœur représenté par le triumvirat Hitler, Himmler, Gœbbels n'était guère différent des « Chemises d'ours » primitifs animés par une fureur « sacrée ». Et le but poursuivi, accomplissement ultime de leur vision religieuse, était la destruction. Ces « Chemises d'ours » du XXe siècle qui réactivaient effectivement la légende du « meurtre rituel » contre les juifs en agissant ainsi ne faisaient rien d'autre qu'actualiser un de leur plus profond désir : le meurtre rituel. Ils accomplirent ce meurtre rituel d'abord sur les juifs, ensuite sur les populations étrangères, puis sur le peuple allemand lui-même. Pour terminer, en arrivèrent à massacrer leurs femmes, leurs enfants ainsi qu'eux-mêmes, dans un rite final de destruction absolue. Il y a d'autres formes religieuses moins archaïques qui s'efforcent de retrouver l'unité préhumaine avec la nature. On les relève dans les cultes où la tribu est identifiée à un animal totémique, ou encore dans des systèmes religieux voués au culte des arbres, des lacs, des grottes, etc., ainsi que dans les cultes orgiaques, dont le but recherché est l'abolition de la connaissance, de la raison et de la conscience. Dans toutes ces religions, le sacré s'accorde avec la vision d'un homme revenu par transmutation au niveau préhumain de la nature. Le « saint homme » (le shaman, par exemple) est celui qui a poussé jusqu'à l'extrême l'accomplissement de son dessein.

La seconde de ces réponses est apportée par les religions qui cherchent à résoudre le problème de l'existence par la libération totale du stade préhumain, par le développement des potentialités spécifiquement humaines de raison et d'amour, et qui tentent par

(1) Mircéa ELIADE, *Naissances mystiques*, N.R.F., coll. « Les Essais », X-CII, p. 181.

là de former une nouvelle harmonie entre l'homme et la nature, entre l'homme et l'homme. Certes, on a pu relever parmi des sociétés relativement primitives, des tentatives de ce genre, mais la grande ligne de démarcation, pour l'ensemble de l'humanité, semble se situer approximativement vers l'an 2000 av. J.-C. et le début de notre ère. Le Taoïsme et le Bouddhisme en Extrême-Orient, la révolution religieuse d'Akenaton en Egypte, la religion de Zoroastre en Perse, la religion mosaïque en Palestine, celle de Quetzalcoalt au Mexique (1) représentent le grand tournant amorcé par l'humanité.

Dans toutes ces religions, une unité est recherchée, qui n'est pas l'unité régressive du retour à l'harmonie paradisiaque pré-consciente et préhumaine, mais l'unité sur un plan nouveau : l'unité qui se produit après que l'homme ait expérimenté sa séparation, après qu'il ait traversé le stade de l'aliénation à lui-même et au monde, après qu'il soit pleinement né. Cette unité nouvelle a pour prémices le total développement de la raison humaine, développement qui conduit l'homme au stade où sa raison n'entrave plus la saisie immédiate intuitive de la réalité. Un grand nombre de symboles annonce ce nouveau but et le situe en avant dans le futur, et non dans le passé : le Tao, le Nirvâna, l'illumination, Dieu, le Bien. Les différences entre ces symboles proviennent des variations culturelles et économiques des différentes régions qui les ont vus naître. En Occident, le symbole choisi pour personnifier le but à atteindre fut la figure autoritaire du roi suprême ou du chef tribal suprême. Mais très tôt, dès l'époque de l'Ancien Testament, cette figure a évolué du souverain arbitraire au souverain lié à l'homme par un pacte et par les promesses qu'il contient. La littérature prophétique s'annonce comme une nouvelle harmonie entre l'homme et la nature dans les temps messianiques. Dans le Christianisme, Dieu se manifeste lui-même comme homme. Dans la philosophie de Maïmonide, aussi bien que dans le mysticisme, les éléments anthropomorphes et autoritaristes ont presque totalement disparu, bien qu'ils soient demeurés sans changements notables dans les formes populaires des religions occidentales.

Ce que le Judéo-Christianisme et le Bouddhisme Zen ont en

(1) Cf. Laurette SÉJOURNÉE, *Burning Water* (Londres, Thames & Hudson, 1957).

commun, c'est la connaissance de la nécessité d'abandonner « ma volonté » (prise ici dans le sens d'un désir de forcer, de diriger le monde extérieur et intérieur à moi) afin d'être totalement ouvert, coopérant, éveillé, vivant. Souvent, dans la terminologie Zen, cet état est décrit comme « le vide en soi », ce qui ne signifie rien de négatif, mais simplement la disponibilité pour recevoir. Dans la terminologie chrétienne, il est appelé « mourir à soi-même et accepter la volonté de Dieu ». Formulée ainsi, il semble y avoir peu de différence entre l'expérience chrétienne et l'expérience bouddhique. Mais pour autant qu'il s'agisse d'une interprétation et d'une expérience ordinaire, la formulation chrétienne signifie qu'au lieu de prendre lui-même ses décisions, l'homme en laisse le soin au Père omniscient et omnipotent qui veille sur lui et sait ce qui lui convient. Il est évident que dans une telle expérience l'homme ne se fait pas ouvert et coopérant, obéissant et soumis. Suivre la volonté de Dieu dans le sens d'un abandon de son égoïsme est accompli bien mieux, quand il n'existe aucune notion de Dieu. Paradoxalement, c'est en abandonnant l'idée de Dieu que j'accomplis le mieux la volonté de Dieu. Le concept de la vanité, dans le Zen, contient en lui la vraie signification d'un abandon, d'un abandon de sa volonté sans le danger d'une régression vers le concept idolâtrique d'un père secourable.

CHAPITRE IV

La nature du conscient, refoulement et dé-refoulement

Dans le chapitre précédent, j'ai tenté d'esquisser la conception de l'homme et de l'existence humaine sur qui se fonde la psychanalyse humaniste. Mais la psychanalyse partage cette conception générale avec d'autres conceptions religieuses ou philosophiques à tendance humaniste. Il nous faut maintenant décrire la démarche spécifique de la psychanalyse par laquelle elle tente d'accomplir son but.

L'élément le plus caractéristique de cette démarche est, sans nul doute, sa tentative pour rendre *l'inconscient conscient*, ou selon la formule de Freud, pour transformer l'Id en Ego. Sous son apparente clarté, cette formule ne l'est pas du tout. Immédiatement, des questions surgissent : qu'est-ce que l'inconscient ? Et le conscient ? Qu'est-ce que le refoulement ? Comment l'inconscient devient-il conscient ? Et si cela se produit, quel en est le résultat ?

Avant tout, il nous faut savoir que les termes *conscient et inconscient* s'emploient dans différentes acceptions. Tantôt pris dans un sens fonctionnel, pourrait-on dire, « conscient » et « inconscient » se réfèrent à un état subjectif dans l'individu. Dire qu'un individu est conscient de tel ou tel phénomène contenu dans son psychisme veut dire qu'il *perçoit* ses affects, ses désirs, ses opinions, etc. « Inconscient » employé dans le même sens indique l'état d'un homme qui ne perçoit pas ses expériences intérieures. S'il ne perçoit *aucune* expérience, pas même ses expériences sensorielles, cet individu sera très exactement semblable à une personne qui *est* inconsciente. Dire qu'un homme est conscient de certains de ses affects, etc., revient à dire qu'il *est conscient* pour autant qu'il s'agisse de ces affects. Il en va de même quand on le dit inconscient de ces affects. Nous devons nous souvenir que cet « inconscient » se refère non à l'absence d'une impulsion quelconque : sentiment, désir, peur, etc., mais à l'absence de sa perception.

Un autre emploi des termes « conscient » et « inconscient » — totalement différent de l'emploi fonctionnel décrit plus haut — consiste à désigner par là certaines zones dans l'individu et les contenus qui s'y rattachent. Tel est généralement le cas lorsqu'on dit « le conscient » et « l'inconscient ». Ici « le conscient » est une partie de la personnalité avec un contenu spécifique et « l'inconscient » en est une autre avec également un contenu spécifique. Du point de vue de Freud, l'inconscient est par essence le siège de l'irrationnel. A l'inverse, dans la pensée de Jung, l'inconscient est le siège de la plus profonde source de sagesse, et le conscient celui de la partie intellectuelle de la personnalité. Cette manière d'envisager le conscient et l'inconscient attribue à l'inconscient le rôle de la cave dans une maison où l'on entasserait tout ce qui ne peut trouver place dans ses superstructures. Chez Freud, ce sont principalement les vices de l'homme qu'on y relègue ; chez Jung, principalement sa sagesse.

Comme le fait remarquer H. S. Sullivan, il est malencontreux de donner à l'inconscient un sens de localisation. C'est là une bien faible représentation des faits psychiques qu'implique ce terme. J'ajouterai que recourir de préférence à un substantif pour exprimer la chose plutôt qu'à une notion de fonction correspond à la tendance générale de la culture occidentale contemporaine qui perçoit sous forme *d'avoir* plutôt que sous forme *d'être*. Nous *avons* un problème d'angoisse, nous *avons* une insomnie, et nous *avons* un psychanalyste exactement comme nous avons une maison, une voiture, un enfant. Dans le même ordre d'idées, nous *avons* un inconscient. Si un grand nombre de gens emploie le mot « subconscient » à la place « d'inconscient », c'est de toute évidence pour la bonne raison que « subconscient » par lui-même introduit un concept de localisation. Je puis dire « je suis inconscient » de ceci ou de cela, mais non « je suis subconscient ».

Il y a un autre sens du mot « conscient » qui parfois prête à confusion. La conscience est assimilée à *l'intellect réfléchissant* et l'inconscient à *l'expérience non réfléchie.* Il n'y a, bien entendu, aucune objection à attribuer ce sens aux mots « conscient » et « inconscient », pourvu que la signification en soit clairement définie et ne prête à nulle confusion avec les deux sens précédents. Toutefois, le terme « conscient » pris dans cette acception ne me paraît pas heureux. La réflexion intellectuelle est évidemment toujours consciente, mais ce qui est conscient n'est pas toujours réflexion intellectuelle. Je dévisage une personne, j'en prends *conscience.* Je prends conscience de tout ce qui m'arrive par rapport à cette personne, mais ce n'est qu'après m'être différencié d'elle dans une séparation sujet-objet que je puis identifier la conscience que j'en ai comme réflexion intellectuelle. Ceci vaut également pour la conscience que j'ai de ma respiration, qui ne ressemble en rien à une réflexion sur ma respiration.

En fait, à peine ai-je commencé à réfléchir *à* ma respiration, que je n'en suis plus conscient. Même chose pour tout ce qui concerne les actes qui me relient au monde. Nous aurons l'occasion d'en reparler plus longuement.

Après avoir décidé de traiter l'inconscient et le conscient, respectivement comme un état de non-perception ou de perception plutôt que de « parties » de la personnalité, reste à considérer à présent la question de savoir ce qui empêche une expérience d'atteindre notre perception, c'est-à-dire, de devenir consciente.

Mais avant de discuter cette question, une autre se pose, à laquelle il faut répondre d'abord. En parlant de « conscient » et d' « inconscient » dans un contexte psychanalytique, on aurait tendance implicitement à donner une valeur plus haute au conscient qu'à l'inconscient. Sinon à quoi bon lutter pour accroître le champ du conscient ? Il est très clair, cependant, que la conscience en tant que telle n'a pas de valeur particulière. En fait, la plupart des gens n'ont dans leur esprit conscient que fictions et illusions. La faute en incombe moins au fait que l'homme soit *incapable* de voir la réalité, qu'au fonctionnement social. La moyenne partie de l'histoire humaine (à part dans quelques sociétés primitives) est caractérisée par le fait qu'une petite minorité régente et exploite ses semblables. Pour y parvenir, elle a généralement usé de la force. Mais la force ne suffit pas, il faut qu'à la longue la majorité accepte volontairement sa propre exploitation. Cela ne peut se faire qu'à condition d'avoir l'esprit farci de mensonges et de fictions destinés à justifier et à expliquer cette domination par la minorité. Toutefois, ceci n'est pas la seule raison qui explique pour quel motif ce que la majorité des hommes ont dans leur pensée consciente à propos de la société, des autres, d'eux-mêmes, n'est que fiction. Dans son développement historique, chaque société se trouve confrontée à l'obligation de survivre dans la forme particulière adoptée par sa culture et ne peut y réussir, généralement, qu'en ignorant les visées plus étendues, communes à l'humanité. Cette contradiction entre visées sociales et visées universelles mène à la construction (à l'échelle sociale) d'illusions et de fictions de toutes espèces, dont la fonction est de récuser et de rationaliser la dichotomie entre les buts de l'humanité et ceux d'une société donnée.

Ceci nous permet d'affirmer que le contenu du conscient est avant tout fictions et illusions et par conséquent, ne représente pas la réalité. Ainsi, la conscience en tant que telle n'a pas grande valeur. Ce n'est que par le dévoilement de la réalité cachée (c'est-à-dire de l'inconscient) qui devient réalité apparente (c'est-à-dire conscient) qu'un travail valable est accompli. Nous reprendrons cette discussion plus tard. Pour le moment, je veux simplement souligner que la plus grande partie de notre conscience est « conscience fausse » et que c'est en premier lieu la société qui nous a bourrés de notions fallacieuses et irréelles.

Mais le rôle de la société ne se borne pas à imprégner notre conscience de fictions. Il lui faut d'autre part empêcher que la réalité ne se découvre. L'explicitation de ce point nous conduira droit au cœur du problème essentiel. De quelle manière le refoulement (ou l'inconscience) se produit-il ?

La conscience de l'animal est celle de son « environnement ». Nous l'appellerons « conscience simple » selon les termes de R. M. Bucke. Le cerveau de l'homme, d'une structure plus grande et plus complexe, dépasse cette « conscience simple » et se trouve être le fondement de la « conscience de soi », ou perception de soi-même comme sujet de l'expérience. Mais sans doute, à cause de son énorme complexité (1), la conscience humaine s'organise selon divers modèles possibles. Pour qu'une expérience parvienne à la conscience, il faut qu'elle se présente selon le modèle d'après lequel cette conscience s'est organisée. Certaines catégories tels l'espace et le temps sont universelles et perceptibles pour tout homme en tant que catégories communes. D'autres, telles que la causalité, sont valables pour beaucoup, mais non pour tous les modes de perception humaine. D'autres sont encore moins générales et varient de culture à culture. Quoi qu'il en soit, une expérience ne devient consciente qu'à la seule condition qu'elle puisse être perçue, reliée et classée selon les données d'un système conceptuel et de ses catégories (2). Ce système est en lui-même le résultat d'une évolution sociale. Chaque société, par sa façon de vivre et son mode de relation, de sentiment, de perception, développe un système de catégories qui détermine ses formes de conscience. Ce système travaille, comme il se doit, sous forme d'un filtre socialement conditionné. Et l'expérience ne devient consciente qu'après avoir traversé ce filtre. A présent la question se pose de comprendre comment ce « filtre social » opère, quelles sont les expériences qu'il laisse parvenir à la conscience et quelles sont celles qu'il intercepte.

D'abord, il nous faut constater qu'un bon nombre d'expériences, par leur propre nature, ne se manifestent pas aisément à la conscience. La souffrance est peut-être l'expérience qui vient le plus facilement

(1) J'ai été grandement stimulé dans ma pensée par une communication personnelle du Dr William Wolf sur les fondements neurologiques de la conscience.

(2) E. Schatel a exprimé la même idée dans un essai très pertinent sur la mémoire et l'amnésie de l'enfance dans *Psychiatry*, vol. X, n° 1, 1947, où il traite de l'amnésie des mémoires de l'enfance. Comme son titre l'indique, il s'occupe surtout ici des problèmes plus particuliers de l'amnésie de l'enfance et de la différence des catégories *(schemats)* employées par l'enfant et l'adulte. Il conclut que : « L'incompatibilité entre les expériences de la prime enfance avec les catégories et les organisations de l'adulte est due en grande partie... à la conventionalisation de la mémoire de l'adulte. » Selon moi, ce qu'il dit sur l'enfant et la mémoire contient une vérité, mais nous trouvons des différences non seulement entre les catégories de l'enfant et de l'adulte, mais aussi entre les différentes cultures. En outre, le problème n'est pas celui de la mémoire, mais aussi de la conscience en général.

à la conscience, ainsi que le désir sexuel et la faim. De toute évidence, chaque expérience qui relève de la subsistance de l'individu ou du groupe est facilement perceptible. Mais arrivé à des expériences plus subtiles et plus complexes telles que : *A l'aube, voir un bouton de rose avec sa goutte de rosée, alors que l'air est encore froid, que le soleil se lève et qu'un oiseau chante*, expérience qui, par exemple, dans la culture japonaise arrive spontanément à la conscience, mais dans une culture comme celle de l'Occident moderne, une telle expérience ne sera généralement pas perçue, car trop peu « importante » ou « pas assez riche en événement » pour être remarquée. Ce qui permet à une expérience affective, subtile ou non, de parvenir à la conscience, dépend de la valeur qu'on lui attribue dans une culture donnée. Il y a nombre d'expériences affectives pour qui le langage d'une culture donnée n'a pas d'expression, alors que dans celui d'une autre il s'en trouvera une multitude. Par exemple, en anglais on a un seul mot, *love*, qui couvre toute une série d'expériences qui vont depuis l'amour érotique jusqu'à l'amour fraternel ou maternel. Dans un langage où différentes expériences affectives ne trouvent pas différents vocables pour s'exprimer, il est presque impossible pour certaines expériences de parvenir à la conscience et *vice versa*. En général, on peut dire qu'une expérience qui, dans un langage ne trouve pas de mot pour s'exprimer, parviendra rarement à la conscience.

Mais ceci n'est qu'un des aspects de la fonction de filtre du langage. Des langages différents ne diffèrent pas uniquement à cause de la différence de mots qu'ils emploient pour marquer certaines expériences affectives, mais aussi par leur syntaxe, leur grammaire, la racine de leurs mots. Le langage tout entier dénote une certaine attitude devant la vie. Il est l'expression figée d'une expérience de la vie, selon un certain mode (1).

En voici quelques exemples : il y a des langues dans lesquelles la forme verbale « il pleut », est conjuguée différemment selon que je dis qu'il pleut, soit parce que je suis sorti sous la pluie et me suis fait mouiller, soit parce que j'ai vu pleuvoir de l'intérieur

(1) Cf. la contribution de pionnier du problème de Benjamin WHORF dans sa *Collected Papers on Metalinguistic* (Washington, D. C. Foreign Service Institute, 1952).

d'une hutte, soit parce que j'ai appris par quelqu'un d'autre qu'il pleuvait. Il est tout à fait évident que l'insistance du langage sur ces différentes *sources* de l'expérimentation d'un fait (ici : qu'il pleut) a une profonde influence sur la manière dont on expérimente les faits. (Par exemple, dans notre culture moderne, qui souligne avant tout le côté purement intellectuel d'une connaissance, peu importe que je connaisse un fait par une expérience directe ou indirecte, ou simplement par ouï-dire.) Chez les Hébreux, le principe essentiel de la conjugaison est de déterminer si une activité est complète (parfaite) ou incomplète (imparfaite), alors que le temps du déroulement de l'activité — passé, présent ou futur — n'intervient que d'une manière secondaire. En latin, les deux principes (temporalité et perfection) sont employés ensemble, alors qu'en anglais on est orienté principalement dans le sens du temps. Il va sans dire que cette différence dans la conjugaison indique une différence dans l'expérimentation (1).

On peut trouver un autre exemple dans l'emploi différent des verbes et noms dans divers langages et même entre différentes personnes parlant le même langage. Le nom se refère à une « chose » ; le verbe, à une activité. Un nombre croissant de gens préfèrent penser en termes *d'avoir* qu'en termes marquant l'être ou l'activité. C'est pourquoi ils préfèrent le nom au verbe.

Le langage, par ses mots, sa grammaire, sa syntaxe, par tout l'esprit qui s'y trouve figé, détermine à la fois notre mode d'expérimentation et la qualité d'expériences qui peuvent parvenir à notre conscience.

Le second aspect du filtre qui rend la perception possible est la *logique* qui régente la pensée des individus dans une culture donnée. La plupart des gens tiennent pour évident que leur langage est « naturel » et que les autres langages ne font qu'employer des mots différents pour désigner les mêmes choses. Ils présument ainsi, que les règles qui régissent leur mode de penser sont naturelles et uni-

(1) Le sens de cette différence devient très apparent dans les traductions allemandes et anglaises de la Bible. Souvent, lorsque les Hébreux emploient le parfait pour définir une expérience affective telle qu'aimer, dans le sens d'aimer totalement, le traducteur se méprend et traduit « j'ai aimé ».

verselles. Pour eux, ce qui est « illogique » pour leur système culturel est illogique aussi pour tout autre, car il se trouve en conflit avec la logique « naturelle ». La différence entre la logique aristotélicienne et la logique paradoxale en est l'illustration.

La logique aristotélicienne est basée sur la loi de l'identité, qui établit que A est A et la loi de contradiction, ce qui est A n'est pas non-A ; et la loi du moyen terme conclu A ne peut être A *et* non-A, ni A *ou* non-A. Aristote a posé le principe suivant : « Il est impossible pour la même chose et en même temps d'appartenir et de ne pas appartenir à la même chose et dans le même rapport... Ceci est le plus évident de tous les principes. »

A l'encontre de la logique aristotélicienne, on trouve la logique paradoxale qui établit que A et non-A ne s'excluent pas l'un l'autre en tant que prédicats de X. La logique paradoxale était prédominante dans la pensée chinoise et hindoue ainsi que dans la philosophie d'Héraclite. Plus tard elle apparaît dans la pensée de Hegel et de Marx. Les principes de cette logique ont été posés en termes généraux par Lao-tseu : « Les mots qui sont la vérité même, semblent être paradoxaux » (1). Et par Tchouang-tseu : « Ce qui est un, est un. Ce qui n'est pas un est aussi un. »

Pour autant qu'un homme vive dans une culture où la justesse de la logique aristotélicienne n'est pas mise en doute, il lui sera extrêmement difficile, voire impossible, de prendre conscience d'expériences qui la contredisent. Du point de vue de sa culture même, elles sont un non-sens. Un bon exemple est le concept d'ambivalence selon Freud, qui affirme que, pour une même personne et au même moment, on peut éprouver de l'amour et de la haine. Cette expérience, « logique » du point de vue de la logique paradoxale, au point de vue de celle d'Aristote n'a aucun sens, d'où la difficulté pour la plupart des gens d'être conscients de leur ambivalence. Conscients de leur amour, ils ne peuvent l'être de leur haine, car cela leur paraît trait totalement dépourvu de sens que d'éprouver deux sentiments contradictoires au même moment et pour la même personne (2).

(1) TÂO-TEN-KING, *The Sacred Books of the East*, edit. by F. Max Mueller, vol. XXXIX (Londres, Oxford University Press, 1927, p. 120).

(2) Voir mon ouvrage *L'art d'aimer*, World Perspective Series (New York, Harper & Bros., 1956 ; Londres, Allen & Unwin, 1957, p. 72 ss.).

Outre langage et logique, le troisième aspect du filtre est le contenu de l'expérience. Chaque société écarte certaines natures de pensées et de sentiments comme ne devant être ni imaginées, ni ressenties, ni exprimées. Il y a des choses qui non seulement ne peuvent « être faites », mais ne peuvent même pas « être pensées ». Dans une tribu de guerriers, par exemple, qui vit de meurtres et de rapines ou dépend des autres tribus, il peut se trouver un individu à qui meurtre et rapine répugnent. Il est peu probable qu'il devienne conscient de ces sentiments incompatibles avec ceux de la tribu. Cela signifierait pour lui le danger d'isolement et d'ostracisme. Un tel individu, plutôt que de permettre à ce sentiment de répugnance d'arriver à sa conscience, préférera développer un symptôme psychosomatique de vomissement.

Le contraire se produirait chez un membre d'une tribu pacifique d'agriculteurs qui serait porté à tuer et à voler les membres des autres tribus. Plutôt que de permettre à cette impulsion de devenir consciente, il développera vraisemblablement un sentiment de frayeur intense. Voici encore un autre exemple. Dans nos grandes villes, il doit y avoir bon nombre de commerçants dont un client ou l'autre a grandement besoin d'un complet, mais ne peut s'offrir même le moins cher du magasin. Parmi ces boutiquiers, il doit s'en trouver quelques-uns dont le sentiment humain naturel les pousserait à lui donner le vêtement pour le prix qu'il peut payer. Mais combien d'entre eux permettraient à un tel sentiment d'arriver à leur conscience ? Fort peu, je présume. La majorité le réprimeront. Et certains parmi eux adopteront même une attitude agressive envers ce client, destinée à masquer leur impulsion inconsciente ou, la nuit suivante, élaboreront un rêve qui l'exprimera.

En développant la thèse que le contenu d'une expérience incompatible avec celles admises par la société ne pénétrera pas dans le domaine de la conscience, deux nouvelles questions se présentent à nous. Pourquoi un individu redoute-t-il à ce point de prendre conscience de ces contenus interdits ?

Pour la première question, je m'en rapporterai au concept de « Caractère social ». Toute société pour survivre doit façonner le caractère de ses membres de façon à ce *qu'ils désirent faire ce qu'ils doivent faire*. Il faut que leur fonctionnement social soit intériorisé et transformé de manière à les faire agir par propension naturelle et non par contrainte. Une société ne peut admettre d'exception à son modèle, sinon le « caractère social » perdrait sa cohérence et sa solidité. Beaucoup d'individus cesseraient d'agir en conformité avec elle et la société, dans sa forme donnée, verrait sa survie compromise. Le degré de rigueur dans les contraintes sociales et dans l'absence des tabous varie évidemment selon les sociétés ; mais toute société possède ses tabous dont la violation entraînerait l'ostracisme.

La seconde question est de savoir pourquoi l'individu est effrayé par le danger implicite d'ostracisme au point de refuser la conscience des « impulsions » interdites. Pour y répondre, il faudrait me rapporter à un exposé plus complet du problème, que j'ai fait en d'autres ouvrages (1).

Pour résumer la chose : à moins de sombrer dans la folie, l'individu doit, d'une manière ou de l'autre, se relier à autrui. Se retrouver complètement en marge des autres conduirait aux frontières de la folie. En tant qu'animal, il est terrifié à l'extrême par la mort, en tant qu'homme il ne l'est pas moins par la solitude totale. Cette frayeur, bien plus que celle de la castration comme le soutient Freud, est l'élément actif qui interdit la perception des sentiments et des pensées tabous.

Ainsi nous en arrivons à la conclusion que conscience et inconscience sont conditionnées socialement. *Je suis conscient* de toutes sensations et pensées que le triple filtre du langage (conditionné socialement), de la logique et des tabous (caractère social) peut laisser passer. Les expériences qu'il ne laisse pas passer restent hors de ma perception, c'est-à-dire demeurent inconscientes (2).

Le développement du caractère social de l'inconscient apporte deux réflexions. La première est assez évidente. En plus des tabous sociaux, il y a l'interprétation de ces tabous qui adoptent une forme

(1) *Escape from Freedom* (New York, Rinehart, 1941 ; Londres, Routledge, 1942) et *The Sane Society* (même éditeur, 1956).

(2) Cette analyse de la conscience mène aux mêmes conclusions formulées par Karl Marx dans le problème de la conscience : « Ce n'est pas la conscience des hommes qui déterminent leur existence, mais au contraire leur existence sociale qui détermine leur conscience » *(Zur Kritik der Politischen Oekonomie)*.

différente selon les familles. Un enfant, conscient d'expériences qui pour ses parents personnellement sont tabous, apeuré à l'idée d'être abandonné par eux, ajoutera au refoulement normal requis par le social, le refoulement de ces expériences par un filtrage personnel. D'autre part, des parents doués d'une grande ouverture d'esprit et de peu de « refoulement », par leur influence personnelle rendront ce filtre social (et Super-ego) moins étroit et moins impénétrable.

L'autre remarque se rapporte à un phénomène plus complexe. Nous ne réprimons pas seulement la conscience des conflits incompatibles avec le cadre social de pensée, mais nous tendons aussi à refouler celle de conflits incompatibles avec la conscience humaniste, avec cette voix qui parle au nom du développement total de notre personnalité.

Les poussées destructrices, celles de la régression vers la matrice ou vers la mort, celle de la dévoration des personnes dont nous aimons être proche, toutes ces impulsions régressives peuvent être ou ne pas être en contradiction avec le caractère social, mais ne sont en aucun cas compatibles avec les buts inhérents à l'évolution de la nature humaine. Il est dans la norme qu'un enfant désire être cajolé. Cela correspond au stade d'évolution auquel il est parvenu à ce moment. Qu'un adulte ait le même désir, c'est chez lui une maladie. Pour autant qu'il soit aiguillonné non seulement par le passé mais aussi par le but inhérent à sa structure totale, il ressentira le hiatus entre ce qu'il est et ce qu'il devrait être. « Devrait » ici n'a pas le sens d'obligation morale, mais celui de destin évolutif immanent et inhérent aux chromosomes à partir desquels l'homme se développe. Tout comme est déjà « présente » en ces chromosomes la facture à venir de son physique, couleur des yeux, etc.

Un homme qui perd contact avec le groupe social au sein duquel il vit, peut redouter une totale isolation. Cette peur l'empêchera de penser « ce qui n'est pas pensable », mais il redoutera tout autant une totale isolation de cette humanité qui est en lui, représentée par sa conscience. Une conduite totalement inhumaine est redoutable, moins redoutable toutefois que l'ostracisme de ses semblables. Car, certaines évidences historiques semblent le prouver, des sociétés entières ont pu adopter les normes inhumaines de conduite. Plus une société se rapproche des normes humaines de la vie, moins il y a en elle de raisons de conflits pour l'individu entre l'isolement de la société et l'isolement de l'humanité. Plus sont fortes les raisons de conflits entre les buts sociaux et les buts humains, plus l'individu se trouve déchiré entre ces pôles dangereux d'isolation. Il est à peine nécessaire d'ajouter que plus une personne par son développement intellectuel et spirituel, ressent la solidarité avec l'humanité, moins elle est capable de supporter l'ostracisme et *vice versa*. La capacité d'agir selon sa propre conscience dépend de la mesure dans laquelle on a pu s'affranchir des limitations de son conditionnement social, de la mesure dans laquelle on s'est fait citoyen du monde, un « cosmopolite ».

Un individu ne peut se permettre de prendre conscience de pensées et de sentiments incompatibles avec les canons de la culture qui est la sienne. C'est pourquoi il est forcé de les réprimer. Ainsi du point de vue *formel*, la nature du conscient et de l'inconscient dépend (en dehors du conditionnement individuel et familial et de l'influence d'une conscience humaniste) de la structure de la société et des modèles de sentiments et de pensées qu'elle établit. *Quant au contenu même de l'inconscient*, on ne peut rien généraliser. Mais on peut affirmer ceci : l'inconscient représente l'homme global avec ses potentialités de lumière et de ténèbres ainsi que les principes sur lesquels se fonderont les différentes réponses qu'il offrira au problème de l'existence. Dans le cas extrême de la plus régressive des cultures tendue vers le retour au stade animal de l'existence, ce désir seul prédomine dans la conscience et tout effort pour émerger de ce niveau est réprimé. Dans une culture qui passe de la régression à la progression spirituelle, les forces des ténèbres demeurent inconscientes. Mais dans chaque culture, l'homme possède toutes les virtualités. Il est l'homme archaïque, la bête de proie, le cannibal, l'idolâtre et l'être capable d'amour, de raison, de justice. Ainsi l'inconscient n'est ni bon ni mauvais, ni rationnel ni irrationnel. Il est les deux. Il est tout ce qui est humain. L'inconscient est l'homme global, moins cette part en lui conditionnée par la culture qui l'a formé. Le conscient représente l'homme social dans ses limitations accidentelles imposées par les circonstances historiques dans lesquelles l'individu se trouve jeté. L'inconscient représente l'homme global enraciné dans le cosmos. Il représente en l'homme la plante, l'animal, l'esprit. Il représente son passé depuis l'aube de sa naissance ; il représente son futur jusqu'à l'heure de son plein épanouissement, jusqu'au jour où la nature sera humaine comme l'homme sera « naturel ».

Après avoir défini, tel que nous l'avons fait, le conscient et l'inconscient, que signifie *faire de l'inconscient du conscient*, arriver au dé-refoulement ?

Le concept freudien de l'inconscient rendu conscient a une fonction limitée, avant tout parce que l'inconscient était supposé le réservoir principalement des désirs instinctuels réprimés comme incompatibles avec une vie civilisée. Freud ne traitait que des désirs instinctuels tels que l'impulsion incestueuse, la peur de la castration, la jalousie du pénis, etc., dont la perception était présumée avoir été réprimée dans l'histoire personnelle de chaque individu. La reconnaissance de l'impulsion réprimée conduisait à sa domination par l'Ego victorieux. Si nous nous libérons du concept freudien de l'inconscient pour adopter celui développé plus haut, le dessein de Freud — transformer l'inconscient en conscient (« Id en Ego ») — prend une signification bien plus large et plus profonde. *Transformer l'inconscient en conscient revient à transformer la simple idée de l'universalité de l'homme en l'expérience vivante de cette universalité. C'est l'expérience de l'humanisme réalisé.*

Freud vit clairement de quelle manière le refoulement conditionne le sens de la réalité chez l'individu et comment la libération du refoulement amène chez celui-ci une nouvelle appréciation de la réalité. L'effet déformant de ces luttes de l'inconscient fut nommé « transfert » par Freud, et plus tard par H. S. Sullivan, « déformation parataxique ». Freud, en premier lieu, découvrit que le patient, dans ses relations avec l'analyste, ne le voyait pas *tel qu'il était*, mais comme une projection de ses propres expériences, désirs, angoisses tels que lui l'analysé les avait vécus au cours d'expériences avec les personnages significatifs de son enfance. Ce n'est qu'après être entré en contact avec son inconscient que l'analysé peut surmonter cet effet de déformation produit par lui-même et voir la personne de l'analyste aussi bien que celle de son père et de sa mère telles qu'elles sont.

Ce que Freud découvrit aussi, c'est que nous voyons la réalité d'une manière déformée. Nous nous imaginons voir une personne telle qu'elle est, mais sans nous en rendre compte nous ne voyons que la projection de l'image que nous nous faisons de la personne. Freud découvrit non seulement la déformation due au transfert mais bien d'autres déformations dues au refoulement. Pour autant qu'un individu est mû par des impulsions qui lui restent inconnues et en contradiction avec ses pensées conscientes (qui correspondent à l'exigence de la réalité sociale), il projettera sur autrui ses propres luttes inconscientes. D'où il ne les percevra pas en lui-même mais (avec indignation) en d'autres (projections). Ou encore, il inventera des raisons logiques pour justifier ses impulsions, qui en elles-mêmes auront une origine totalement différente. Cette justification des conduites dont les motivations vraies demeurent inconscientes par un raisonnement conscient est appelée par Freud *rationalisation*. Que nous ayons à faire avec transferts, projections ou rationalisations, la majorité de ce qui constitue le conscient d'un individu n'est que fictions, alors que la réalité se trouve dans ce qu'il refoule (c'est-à-dire dans l'inconscient).

Par la connaissance que nous avons prise de l'influence déformatrice de la société et l'élargissement de notre concept sur l'élaboration de l'inconscient, nous en arrivons à un nouveau concept : l'inconscient-conscient. Nous pouvons affirmer, tout d'abord, que l'homme moyen vit dans un demi-sommeil, alors qu'il s'imagine être lucide. Par « demi-sommeil », je veux dire que son contact avec la réalité n'est que très partiel. La majorité de ce qu'il prend pour la réalité, intérieure et extérieure, n'est qu'un amas de fictions édifié par son esprit. Il est conscient de la réalité uniquement dans la mesure requise par son fonctionnement social. De ses semblables, que dans la mesure où il doit coopérer avec eux ; de la réalité matérielle et sociale, que dans la mesure où il doit l'être pour pouvoir la manipuler. *Il ne prend conscience de la réalité que dans les limites de conscience nécessaires pour pouvoir survivre.* (Par opposition à cet état, dans le sommeil la conscience de la réalité extérieure est suspendue, mais aisément recouvrable en cas de nécessité. Dans la folie elle est totalement absente, et nulle urgence ne peut la faire recouvrer.) La conscience de l'individu moyen est surtout « fausse conscience » composée d'illusions et de fictions, ce qui échappe à sa conscience est très exactement la réalité. Il est donc possible de faire la différence entre ce dont un individu *est* conscient et ce dont il *devient* conscient.

Il *est* principalement conscient de fictions. Il *peut devenir* conscient de la réalité sous-jacente.

Il y a encore un autre aspect de l'inconscient qui découle des prémisses discutées auparavant. Dans la mesure où le conscient ne représente qu'un petit secteur d'une expérience modelée par le social et que l'inconscient représente la richesse et la profondeur de l'homme universel, l'état de refoulement aboutit à ce que moi, l'être social contingenté, soit séparé de moi, l'être humain total. Je suis étranger à moi-même et au même degré tout autre m'est étranger. Je suis retranché du vaste champ de l'expérience humaine. Je reste un homme fragmentaire, un infirme qui n'expérimente qu'une petite partie de sa réalité et de celle des autres.

Nous n'avons jusqu'ici traité que du rôle déformant du refoulement. Il faut encore parler d'un autre rôle qu'il joue, qui consiste à rendre une expérience irréelle par « cérébralisation ». Je veux dire par là que je crois voir, mais *ne vois* que *des mots*. Je crois ressentir, mais ne fais que *penser la sensation*. L'individu cérébral est un individu aliéné, l'individu de la grotte de Platon. Il ne voit que des ombres et les prend pour la réalité présente.

Le processus de cérébralisation est lié à l'ambiguïté du langage. A peine ai-je exprimé quelque chose par un mot, que l'aliénation survient. La plénitude de l'expérience a été aussitôt remplacée par le mot. En réalité, l'expérience n'existe dans sa plénitude que jusqu'au moment d'être exprimée par le langage. Jamais, semble-t-il, dans toute l'histoire humaine, le processus général de cérébralisation n'a été aussi intense, aussi répandu que dans notre culture moderne. Précisément par le fait même du développement croissant des connaissances intellectuelles nécessaires aux réalisations scientifiques et techniques, liés au degré d'éducation, les mots de plus en plus se substituent à l'expérience. L'individu concerné n'en est toutefois pas conscient, il croit voir et ressentir, et n'expérimente que pensée et mémoire. *Il* s'imagine saisir la réalité, ce n'est que son moi cérébral qui la saisit, lui, l'homme tout entier, avec ses yeux, ses mains, son cœur et ses entrailles ne saisit rien du tout. En vérité, *il* ne participe même pas à cette expérience qu'il croit *sienne*.

Que se produit-il au cœur du processus qui mène de l'inconscient au conscient ? Il est préférable avant de répondre à cette question, de lui donner une autre forme. Il n'existe rien qui soit « le conscient » et « l'inconscient ». Il y a des degrés de conscience perception et d'inconscience non-perception. Dès lors il faudrait mieux poser ainsi notre question : « Que se passe-t-il lorsque je deviens conscient de ce dont je n'étais pas conscient auparavant ? » Pour rester dans la ligne de ce que nous avons dit plus haut, la réponse générale à cette question serait que tout pas accompli dans ce processus est un pas vers la compréhension du caractère fictif, illusoire de notre conscience « normale ». Devenir conscient de l'inconscient, donc élargir le champ de notre conscience, signifie entrer en contact avec la réalité et — dans ce sens — avec la vérité (intellectuelle et affective). Cela signifie s'éveiller, lever le voile, sortir de la grotte, apporter la lumière aux ténèbres.

Ce peut-il que ce soit cela l'expérience que le Zen appelle « l'illumination » ?

Je reviendrai plus tard sur ce point. Je voudrais ici discuter un peu plus longuement d'un point crucial pour la psychanalyse, c'est-à-dire de la nature de cette vision intérieure et de cette connaissance qui détermine la transformation de l'inconscient en conscient (1). Sans nul doute, au cours des premières années de ses recherches psychanalytiques, Freud partagea l'opinion conventionnelle et rationaliste que la connaissance était connaissance théorique et intellectuelle. Il croyait suffisant d'expliquer au patient la raison de certaines de ses évolutions intérieures et de lui raconter ce que l'analyste avait découvert dans son inconscient. Cette connaissance intellectuelle appelée « interprétation » était supposée provoquer un changement chez le patient. Mais rapidement, Freud et d'autres analystes découvrirent la justesse de l'affirmation de Spinoza disant qu'une connaissance *intellectuelle* ne pouvait aboutir à une transformation que dans la mesure où elle était aussi une *connaissance* affective. Il devint évident qu'une connaissance intellectuelle comme telle ne provoquait aucune transformation chez le patient, excepté, peut-être, dans le sens où une connaissance intellectuelle des luttes

(1) Il n'est pas de mot pour exprimer cette transformation. On pourrait l'appeler « renversement du refoulement » ou plus précisément « éveil ». Je propose le terme de « dé-refoulement ».

de son inconscient pouvait amener un individu à les contrôler, ce qui, après tout, est plus le but de l'éthique que de la psychanalyse. Aussi longtemps que le patient se cantonne dans l'attitude détachée d'un observateur scientifique qui se prendrait comme le propre objet de ses recherches, il n'entrera pas en contact avec son inconscient, si ce n'est pas la *réflexion*. Il ne parviendra pas à *l'expérience* d'une réalité intérieure plus riche et plus profonde. Découvrir son inconscient n'est absolument *pas* une démarche intellectuelle, mais une expérimentation affective qui peut difficilement sinon pas du tout, se traduire en paroles. Cela ne signifie pas que réflexion et spéculation ne peuvent pas précéder le fait de la découverte. Mais la découverte est toujours en elle-même une expérience totale et caractérisée par sa soudaineté et sa spontanéité. Tout à coup les yeux s'ouvrent. Soi-même et le monde apparaissent dans un tout autre éclairage, sous un tout autre aspect. Il faut généralement traverser beaucoup d'angoisse avant que l'expérience ne survienne, mais alors se fait jour un sentiment nouveau de force et de certitude. On peut décrire le processus de découverte de l'inconscient comme une suite d'expériences toujours élargies, ressenties profondément, qui transcendent toutes connaissances théoriques et intellectuelles.

L'importance d'une connaissance qui soit *expérimentale* réside dans le fait qu'elle transcende toute connaissance et perception où le sujet-intellect s'observe lui-même en tant qu'objet et transcende ainsi le concept occidental et rationaliste de la connaissance. (Il y a des exceptions à cette tradition occidentale : chez Spinoza, dans l'intuition qu'il pose comme la plus haute forme de la connaissance, chez Fichte, dans l'intuition intellectuelle, chez Bergson, dans la conscience créatrice. Toutes ces catégories d'intuition transcendent la scission en sujet-objet de la connaissance. Plus loin, dans la discussion sur le Zen, on éclaircira l'importance de cette forme de connaissance pour le problème du Bouddhisme Zen.)

Dans cette brève esquisse des éléments primordiaux de la psychanalyse, il faut mentionner un point essentiel : *le rôle du psychanalyste*. Au début il n'était guère différent de celui d'un quelconque praticien « traitant » un patient. Mais peu d'années après, la situation avait évolué du tout au tout. Freud reconnut la nécessité pour l'analyste d'être analysé, c'est-à-dire, de subir le même processus que celui auquel il soumettra plus tard son patient. On a voulu expliquer cette nécessité comme dérivant de la nécessité pour l'analyste d'être lui-même libéré de ses zones aveugles, de ses tendances névrotiques, etc. Mais une telle explication paraît insuffisante du point de vue même de l'opinion de Freud. Ses premières affirmations, citées plus haut, le prouvent, où il parle de la nécessité pour l'analyste d'être un « modèle », un « maître », d'être capable de nouer des relations avec son patient qui « basées sur l'amour de la vérité, excluent toute forme de tromperie et d'illusion ». Freud semble avoir pressenti là, que l'analyste, dans ses rapports avec son patient, devait avoir une fonction qui transcendait celle du simple praticien. Il n'a cependant pas transformé sa conception fondamentale de l'analyste en tant qu'observateur détaché d'un patient *objet* de son observation. Dans l'histoire de l'analyse, cette notion d'observateur détaché fut modifiée sur deux points. D'abord par Ferenczi, qui, dans les dernières années de sa vie, affirmait qu'il ne suffisait pas à l'analyste de se borner à observer et à interpréter, mais qu'il devait être capable d'aimer son patient avec l'amour même dont il avait eu besoin dans son enfance, et qu'il n'avait pu expérimenter. Ferenczi n'entendait pas par là que l'analyste dût aimer le patient d'un « amour » érotique, mais bien d'un amour maternel ou paternel, ou pour employer un terme plus général « un amour de sollicitude » (1). H. S. Sullivan a abordé le même problème d'un point de vue différent. Pour lui, l'analyste ne devait pas avoir l'attitude d'un observateur détaché mais d'un *observateur participant*. Il transcendait en cela l'idée orthodoxe du détachement de l'analyste. A mon avis, Sullivan n'a pas été assez loin. Il serait préférable de définir le rôle de l'analyste non comme celui d'un observateur participant, mais comme celui d'un *observant-participant*. Toutefois, le terme même de « participant » n'exprime pas exactement la vérité, car « participer » est encore rester à l'extérieur : la connaissance de l'individu exige d'être à l'intérieur de lui, d'être lui-même. L'analyste ne comprendra son patient que dans la mesure où il expérimentera en personne tout

(1) S. FERENCZI, *Collected Papers*, édit. par Clara Thompson (Basic Books Inc.) et l'excellente étude sur les idées de Ferenczi par Izette DES FOREST, *Leaven of Love* (New York, Harper ; Londres, Gollancz, 1954).

ce que le patient expérimente. Sinon, il n'aura jamais qu'une connaissance intellectuelle *à propos* du patient. Jamais il ne connaîtra vraiment ce que le patient expérimente, ni ne pourra convaincre ce patient de ce qu'il partage et comprend ce que traverse le patient. En cette relation fructueuse entre analyste et analysé, en cet engagement total envers le patient, en cette réceptivité totale et cette totale communion avec lui, en cette immersion partagée dans une relation de centre à centre gît l'une des conditions essentielles du traitement et de la compréhension analytique (1). L'analyste doit devenir le patient, mais rester lui-même. Il doit oublier qu'il est le médecin, mais en rester conscient. Ce n'est qu'en acceptant ce paradoxe qu'il pourra donner des « interprétations » qui feront autorité, car elles auront leur fondement dans son expérience personnelle. L'analyste analyse son patient, mais le patient aussi analyse son analyste, car l'analyste, en participant à l'inconscient de son malade, ne peut faire autrement que d'éclairer son propre inconscient ; d'où l'analyste non seulement soigne le patient, mais est soigné par lui. Non seulement comprend le patient, mais éventuellement sera compris par lui. C'est en atteignant ce niveau-là qu'on atteint aussi la solidarité et la communion.

La relation entre analyste et analysé doit être réaliste, libre de toute sentimentalité. Ni l'analyste, ni aucun être humain ne peut en « sauver » un autre. Il peut agir comme un guide — ou comme une nourrice. Il peut montrer la voie, écarter les obstacles, parfois apporter une aide directe, mais il ne peut en aucun cas faire pour le patient ce que le patient seul peut faire pour lui-même. Cela, il doit le faire comprendre clairement au patient et non seulement en paroles, mais par toute son attitude. Il doit aussi insister clairement sur le côté réaliste de cette relation, qui est nécessairement bien plus limitée qu'une relation entre deux autres personnes. S'il faut que l'analyste vive sa propre vie et puisse aider en même temps un certain nombre de malades, il y a limitation dans le temps et dans l'espace. Par contre, il n'y a aucune limitation durant l'entrevue entre patient et analyste. Durant les entrevues, durant les séances

(1) Cf. mon essai The Limitations and Dangers of Psychology, in *Religion and Culture*, édit. par W. Leibrecht (New York, Harper, 1959).

analytiques, au cours de leurs entrevues, il n'y a rien de plus important au monde que leurs conversations — aussi bien pour l'analyste que pour l'analysé. Au cours de ces années de travail en commun avec son patient, l'analyste transcende le rôle conventionnel du médecin. Il devient l'instructeur, le modèle. Il devient peut-être même un maître. A condition qu'il ne se tienne jamais lui-même pour analysé tant qu'il n'aura pas atteint la pleine conscience de soi, la pleine liberté, tant qu'il n'aura pas surmonté sa propre aliénation, sa propre séparation. L'analyse didactique n'est pas le terme, mais le début d'un processus incessant d'autres analyses, c'est-à-dire, d'une prise de conscience toujours croissante.

Chapitre V

Les principes du Bouddhisme Zen

Dans les pages précédentes, j'ai décrit brièvement la psychanalyse freudienne et ses prolongements dans la psychanalyse humaniste. J'ai parlé de l'existence de l'homme et du problème qu'elle pose. J'ai défini le bien-être comme le surpassement de l'aliénation et de la séparation. J'ai discuté de la méthode particulière par laquelle la psychanalyse tente de rejoindre ce but, c'est-à-dire, le dévoilement de l'inconscient. J'ai traité la question de la nature de l'inconscient et du conscient, de ce que signifient en psychanalyse « connaissance » et « perception » et pour finir, j'ai parlé du rôle de l'analyste au cours du traitement.

Pour préparer les bases d'une discussion sur les relations entre Psychanalyse et Bouddhisme Zen, il faudrait, semble-t-il, donner une description méthodique du Bouddhisme Zen. Heureusement, une telle tentative s'avère inutile, car les essais du Dr Suzuki reproduits dans ce livre (ainsi que ses autres ouvrages) ont précisément pour but de faire comprendre — dans les limites, tout au moins, où les mots peuvent y parvenir — la nature du Zen. Toutefois, il me faudra parler des principes du Zen qui ont un rapport immédiat avec la psychanalyse.

L'essence du Zen consiste à obtenir « l'illumination » *(satori)*. Celui qui n'est pas parvenu au *satori* ne pourra jamais parvenir à une totale compréhension du Zen. Celui qui n'a pas expérimenté le *satori* n'aura jamais une compréhension parfaite du Zen. Comme je n'ai pas expérimenté le *satori*, je ne peux parler du Zen que d'une manière tangente, et non comme il le faudrait dans la plénitude de l'expérience. Non pas comme le suggère Jung, parce que le *satori* « dépeint un art et une voie d'illumination qu'un Européen ne peut pratiquement pas concevoir » (1). Pour autant qu'on en puisse juger, le Zen n'est pas plus difficile à concevoir pour un Européen qu'Héraclite, Maître Eckart ou Heidegger. La difficulté réside dans l'effort démesuré que réclame l'obtention du *satori*. Effort plus grand que ce que la plupart des hommes sont désireux de faire et c'est pourquoi le *satori* est rare même au Japon. Toutefois, bien que je n'aie aucune autorité pour parler du Zen, j'ai eu la chance de lire les livres du Dr Suzuki, de suivre quelques-unes de ses conférences et de lire tout ce qui m'a été accessible, sur le Bouddhisme Zen. Ainsi j'ai pu en acquérir une idée tout au moins approximative qui me permettra, je l'espère, de tenter une comparaison entre le Zen et la psychanalyse.

Quel est le but principal du Zen ? D'après Suzuki : « Le Zen est, dans son essence, l'art de voir dans la nature de son être. Il indique la voie de l'esclavage à la liberté. Nous pouvons dire que le Zen libère toutes les énergies accumulées normalement et naturellement en chacun de nous, et qui, dans les circonstances ordinaires, sont contractées et déformées au point de ne pouvoir trouver une voie qui leur permette d'agir. L'objectif du Zen est donc de nous sauver de la paralysie et de la folie. C'est ce que je veux exprimer par cette liberté qui donne libre jeu à toutes les impulsions créatrices et bienfaisantes innées en notre cœur. Généralement, nous restons aveugles à ce fait que nous sommes en possession de toutes les facultés nécessaires pour être heureux et pleins d'amour les uns pour les autres » (2). Dans cette définition il y a un certain nombre d'aspects essentiels du Zen que je voudrais souligner : *le Zen* est l'art de voir dans la nature de son être, c'est *une voie de l'esclavage à la liberté, il libère toutes nos énergies naturelles et nous sauve de la folie et de la paralysie et il nous incite à manifester nos possibilités de bonheur et d'amour*.

(1) Préface à D. T. SUZUKI, *Introduction to Zen Buddhism* (Londres, Rider, 1949), pp. 9-10.

(2) D. T. SUZUKI, *Essais sur le Bouddhisme Zen*, traduction Jean HERBERT (coll. « Spiritualités Vivantes », Albin Michel, 4e éd., 1943).

Le but ultime du Zen est l'expérience de l'illumination appelée *satori*. Le Dr Suzuki, dans ses essais et dans ses autres écrits, nous en a donné une description aussi précise que possible. Dans ces remarques, je voudrais insister sur certains aspects d'une importance particulière pour le lecteur européen et spécialement pour le psychologue. Le *satori* n'est pas un état d'esprit anormal. Ce n'est *pas* un état de transe où la réalité s'évanouit. Ce n'est pas un état d'esprit narcissique comme il apparaît dans certaines manifestations religieuses. « Si c'est quelque chose, c'est notre état d'esprit tout à fait normal. » Comme le déclarait Joshu : « Le Zen est notre esprit quotidien... » « Qu'une porte s'ouvre vers l'intérieur ou vers l'extérieur dépend de la position de ses gonds » (1). Le *satori* a un effet particulier sur celui qui l'éprouve. « Toutes vos activités mentales travailleront sur un autre mode, qui sera plus satisfaisant, plus joyeux, plus apaisant que tout ce qui aurait été éprouvé jusqu'alors. La tonalité de la vie sera transformée. Il y a un pouvoir de rajeunissement dans la possession du Zen. Au printemps, les fleurs paraîtront plus belles et dans les montagnes les ruisseaux couleront plus frais, plus cristallins » (2).

Il est clair que le *satori* est l'authentique réalisation de l'état de bien-être décrit plus haut par le Dr Suzuki. Pour exprimer en termes de psychologie l'état d'illumination, on pourrait dire que c'est l'état d'un homme parfaitement accordé avec la réalité extérieure et intérieure, dont il est pleinement conscient et qu'il saisit dans sa plénitude. *Il* en est conscient, non par son cerveau ou quelque autre partie de son être, mais *lui*, l'homme dans sa totalité. Il est conscient *de cela*, non pas comme d'un objet lointain, là-bas, saisi par la pensée, mais *de cela*, de la fleur, du chien, de l'homme, dans la plénitude de leur réalité. Celui qui s'éveille prend une attitude ouverte et de disponibilité au monde. Il le peut, car il a renoncé à se posséder lui-même comme un objet et par cela s'est fait vide, apte à recevoir. Etre illuminé signifie « l'éveil total à la réalité dans la plénitude de sa personnalité ».

Il est très important de comprendre que l'illumination n'est ni

(1) D. T. Suzuki, *Introduction to Zen Buddhism* (Londres, Rider, 1949), p. 97.
(2) *Ibid.*, pp. 97-98.

un état de dissociation, ni de transe, où l'on *se croit* éveillé alors qu'on est en vérité parfaitement endormi. Un psychologue occidental aura tendance à prendre le *satori* pour un simple état subjectif, une sorte de transe par autosuggestion. Même un psychologue aussi favorable au Zen que Jung ne peut éviter cette erreur. Il écrit : « L'imagination elle-même est un fait psychique, dès lors qu'une illumination soit dite réelle ou imaginaire n'a aucune importance. L'homme qui possède l'illumination ou se targue de la posséder, de toute façon, croit être illuminé... même s'il devait mentir, son mensonge serait un fait spirituel » (1). Bien entendu, ceci fait partie de la position relativiste générale adoptée par Jung vis-à-vis de la « vérité » d'une expérience religieuse. Contrairement à lui, j'estime qu'un mensonge ne constitue pas « un fait spirituel » et ne constitue d'autre fait que celui d'être un mensonge. Mais quoi qu'il en soit, la position de Jung n'est certainement pas partagée par les bouddhistes Zen. Tout au contraire, il est pour eux d'une importance cruciale de distinguer un vrai *satori* où l'acquisition d'une vision nouvelle est réalité donc authentique, d'une pseudo-expérience, peut-être de nature hystérique ou psychotique, dans laquelle le disciple est convaincu d'avoir atteint le *satori*, alors que le maître Zen doit lui faire entendre clairement qu'il n'en est rien. C'est très précisément un des rôles du maître Zen, de veiller à ce que son disciple ne prenne pas pour authentique une illumination illusoire.

Pour parler une fois de plus en termes psychologiques, le réveil total à la réalité signifie « avoir atteint une orientation totalement productrice ». Ce qui signifie, ne pas se rattacher au monde à la manière d'un consommateur avide, exploiteur mercantile, mais d'une façon créatrice active (au sens de Spinoza).

Dans l'état parfait de productivité, aucun voile ne me sépare plus du « non-moi ». L'objet n'est plus du tout objet, il n'existe plus contre moi, mais avec moi. La rose que je vois n'est plus un objet de ma pensée dans le sens où disant « je vois une rose », je ne fais qu'établir que cet objet, une rose, tombe sous la catégorie « rose », mais elle deviendra « une rose qui est une rose qui est une rose ». L'état de productivité est en même temps celui de la plus

(1) Préface à D. T. SUZUKI, *Introduction to Zen Buddhism*, p. 15.

haute objectivité. Je vois l'objet libéré des déformations causées par mon avidité ou ma crainte. Je vois l'objet ou l'être humain non plus comme je souhaiterais qu'il soit ou ne soit pas, mais tel qu'il est en lui-même. En cette façon de percevoir, il n'y a pas de distorsion parataxique. Il y a vitalité complète et synthèse entre sujet-objet. J'éprouve intensément, toutefois l'objet demeure en son intégrité. Je suscite sa vie — il suscite la mienne. Le *satori* est mystérieux seulement pour qui ne sait pas à quel point sa vision du monde est une vision mentale et parataxique. Si l'on en est conscient, on est conscient aussi d'une autre forme de perception du monde que j'appellerai totalement réaliste. On peut n'en avoir entrevu qu'un reflet, mais être capable d'imaginer ce qu'elle est. Un petit garçon qui joue du piano, n'en jouera pas comme un grand maître, et cependant le jeu du maître n'a rien de mystérieux. Il n'est que la perfection des rudiments que possède l'enfant.

Deux histoires Zen témoigneront à quel point cette perception, ni déviée, ni cérébrale, de la réalité est essentielle à l'expérience Zen. La première est le récit d'une conversation entre un maître et un moine :

« Faites-vous quelques efforts pour vous discipliner dans la vérité ? », demanda le moine.

« Oui, j'en fais. »

« Comment ? »

« Quand j'ai faim, je mange, quand je suis fatigué, je dors. »

« C'est ce que chacun fait. Ne pourrait-on dire, en ce cas, que tous les humains s'exercent comme vous le faites ? »

« Non. »

« Pourquoi ? »

« Parce que lorsqu'ils mangent, ils ne mangent pas, mais pensent à différentes autres choses et par cela se laissent troubler. Quand ils dorment, ils ne dorment pas, mais rêvent à mille et une choses. Voilà pourquoi il ne font pas comme moi (1)!!

L'histoire se passe de commentaires. L'individu, passé par l'insécurité, l'avidité, la peur est perpétuellement empêtré dans un

(1) D. T. SUZUKI, *Introduction to Zen Buddhism*, p. 86.

monde de fantasmes (sans en être nécessairement conscient). Par ces projections, il affuble le monde de qualités qui ne s'y trouvent pas. C'était vrai à cette époque-là, mais combien plus vrai encore à la nôtre, où la grande majorité des individus voit, écoute, ressent, éprouve avec sa pensée et non avec ces pouvoirs intérieurs qui sont faits pour voir, écouter, ressentir et éprouver.

L'autre histoire, tout aussi révélatrice, est cette affirmation d'un maître Zen : « Avant que je n'atteigne à l'illumination, les rivières étaient des rivières et les montagnes, des montagnes. Au début de mon entendement, les rivières n'étaient plus des rivières, les montagnes n'étaient plus des montagnes. Et maintenant, illuminé, les rivières sont à nouveau des rivières, les montagnes, des montagnes. » Ici encore, nous voyons ce qu'est cette nouvelle approche de la réalité. L'homme moyen est l'homme de la caverne platonicienne. Il ne voit que les ombres et les prend pour la substance. Une fois qu'il a reconnu cette erreur, il voit simplement que les ombres ne sont pas la substance. Mais une fois illuminé, il a quitté la caverne et ses ténèbres : il est dans la lumière, voit la substance et ne voit plus les ombres. Il est réveillé. Aussi longtemps qu'il est dans les ténèbres, il ne peut comprendre la lumière (comme dit la Bible, une lumière luit dans les ténèbres, mais les ténèbres ne la comprennent pas). Une fois sorti des ténèbres, l'homme comprend la différence entre le monde des ombres et le monde tel qu'il le voit à présent.

Le Zen vise à la connaissance de sa propre nature. Il vise au « connais-toi toi-même ». Mais cette connaissance n'est pas la connaissance « scientifique » du psychologue moderne, la connaissance de l'intellect — connaissant qui se connaît en tant qu'objet. Dans le Zen, la connaissance de soi n'est pas une connaissance par l'intellect, mais une connaissance non aliénée, plénière, dans laquelle connaissant et connu s'identifient. Comme Suzuki l'a déclaré, « l'idée de base du Zen est d'entrer en contact avec le fonctionnement intérieur de son être, et cela, selon le mode le plus direct possible, sans avoir recours à un agent extérieur ou surajouté » (1).

La vision intérieure de sa nature n'est pas une vue intellectuelle,

(1) *Ibid.*, p. 14.

une vue de l'extérieur, mais une vue expérimentale, une vue de l'intérieur. Différencier une connaissance intellectuelle d'une connaissance expérimentale est d'une importance primordiale pour le Zen et en même temps se révèle une des difficultés fondamentales que rencontre dans ses études, l'Occidental qui cherche à connaître le Zen. L'Occident, pendant deux mille ans (à de rares exceptions près parmi certains mystiques) a cru que la réponse ultime au problème de l'existence pouvait être trouvée par la *pensée*. Trouver la « réponse juste » en religion et en philosophie était d'une importance prédominante. Cette obstination a permis l'épanouissement des sciences naturelles. La « justesse de la pensée », bien qu'elle n'apporte pas la réponse finale au problème de l'existence, est inhérente à la méthode scientifique et indispensable à l'application pratique de la pensée, autrement dit, à la technique. Le Zen, lui, se fonde sur les prémisses que la réponse ultime à la vie ne se trouve pas par la pensée : « L'ornière intellectuelle du « oui » et du « non » est parfaitement adaptée au cours ordinaire des choses, mais lorsqu'il s'agit de fournir la réponse ultime au problème de la vie, l'intellect fait défaut (1). Pour cette raison même, l'expérience du *satori* ne peut dériver d'une recherche intellectuelle. C'est une expérience que nulle somme de raisonnements ni d'explications ne pourrait communiquer à autrui. A moins que celui-ci ne l'ait déjà éprouvée par lui-même. Un *satori* parfaitement transmissible par analyse à qui ne l'aurait obtenu, ne serait pas un vrai *satori*. Car un *satori* formulé en concept cesserait de l'être, il n'y aurait plus là d'expérience Zen » (2).

Non seulement la réponse finale à la vie ne peut être donnée par une formulation intellectuelle, quelle qu'elle soit, mais pour parvenir à l'illumination, il faut en outre se débarrasser des nombreuses constructions de l'intellect qui obstruent la vision intérieure authentique. Le Zen exige un « esprit libre et sans entraves, l'idée même d'unité et de multiplicité (de singularité et d'intégralité) est une pierre d'achoppement, un nœud coulant qui menace la liberté originelle de l'esprit » (3). Comme conséquence ultérieure, l'idée

(1) *Ibid.*, p. 67.
(2) *Ibid.*, p. 92.
(3) *Ibid.*, p. 41.

même de participation ou d'empathie, tellement valorisée par les psychologues occidentaux, est inacceptable pour la pensée Zen. « L'idée de participation ou d'empathie est l'interprétation intellectuelle d'une expérience première, alors qu'il n'y a place pour aucune dichotomie en ce qui concerne l'expérience même. L'intellect s'entrave lui-même et morcelle l'expérience pour pouvoir la rendre apte à un traitement intellectuel, ce qui signifie discrimination ou bifurcation. Le sentiment originel d'identité est perdu et l'intellect peut se livrer à son fonctionnement caractéristique, qui est la mise en pièce de la réalité. Participation ou empathie est le résultat d'une intellectualisation. Le philosophe qui n'a pas d'expérience originale est enclin à s'y livrer » (1).

Non seulement l'intellect, mais tout concept, toute représentation revêtue d'autorité restreint la spontanéité de l'expérience. D'où l'affirmation du Zen : « N'attachez pas une importance intrinsèque aux livres sacrés des sutras, ni à leurs commentaires par les doctes et les sages. Une expérience personnelle s'oppose fermement à toute autorité et révélation objective... » (2). Dans le Zen, Dieu n'est ni nié, ni affirmé. « Le Zen exige une liberté absolue, même vis-à-vis de Dieu » (3). Et vis-à-vis du Bouddha lui-même, d'où le dicton Zen : « Rince-toi la bouche après avoir prononcé le mot Bouddha. » En accord avec son attitude envers une vision intellectuelle, dans son enseignement, le Zen ne recherche pas, comme en Occident, une subtilité de pensée logique toujours croissante, mais sa méthode consiste « à placer (l'individu) devant un dilemme dont il doit s'efforcer de sortir, non à travers la logique, mais à travers un ordre de pensée plus élevé » (4). En ceci, le maître Zen n'est pas un maître au sens occidental du mot. Il est un maître dans la mesure où il a maîtrisé son propre esprit et est devenu ainsi capable de communiquer au disciple la seule chose qui soit communicable : son existence. Avec toute sa science, le maître est incapable de faire saisir

(1) D. T. Suzuki, *Mysticism, Christian and Buddhism*, World Perspective Series, édit. R. N. Anshen (New York, Harper ; Londres, Allen & Unwin, 1957), p. 105.

(2) D. T. Suzuki, *Introduction to Zen Buddhism*, p. 34.

(3) *Ibid.*, p. 97.

(4) *Ibid.*, p. 40.

la chose par son disciple, si celui-ci n'y est pas totalement préparé... saisir la réalité ultime ne peut être accompli que par soi-même (1).

L'attitude du maître Zen envers son disciple est déroutante pour le lecteur occidental, coincé entre une autorité irrationnelle qui limite la liberté individuelle, exploite son objet et un laissez faire qui est abandon de toute autorité (2). Mais le Zen représente une autre forme d'autorité : « l'autorité rationnelle ». Le maître n'appelle pas le disciple, il n'exige rien de lui, pas même qu'il devienne illuminé. De sa propre autorité le disciple est venu à lui et de sa propre autorité il s'en va, mais dans la mesure où il désire recevoir l'enseignement du maître, il lui faut reconnaître un fait : ce maître est un maître. C'est-à-dire qu'il connaît ce que le disciple ne connaît pas encore et désire connaître. Quant au maître, « il n'y a rien à expliquer par le truchement des mots, il n'y a rien à tirer d'une doctrine sainte. Trente coups de bâton que vous affirmiez ou niiez. Ne restez pas silencieux, ne parlez pas » (3). Le maître Zen est caractérisé à la fois par une absence totale d'autorité irrationnelle et par une toute aussi totale affirmation de cette autorité sans revendication, dont la source se trouve dans une expérience authentique.

Il est impossible de comprendre le Zen, si l'on ignore que la réalisation d'une vision intérieure authentique s'accompagne nécessairement d'une transformation du caractère. Par cela le Zen prend racine dans la pensée bouddhique pour qui une transformation caractériologique est une condition de salut. Avidité pour les possessions matérielles comme pour toute autre forme de possession, autoglorification, amour-propre et vanité doivent être abandonnés. L'attitude envers le passé est une attitude de gratitude, envers le présent de disponibilité, envers le futur de responsabilité. Vivre selon le Zen signifie se traiter soi-même et le monde dans un très grand esprit d'appréciation et de révérence. Attitude qui est la base de la « vertu secrète », vrai caractère de la discipline Zen. Cela signifie faire un usage plénier dans un sens économique et moral, de tout ce qui vient à vous.

(1) *Essais sur le Bouddhisme Zen*, trad. Jean HERBERT.
(2) En français dans le texte.
(3) D. T. SUZUKI, *Introduction to Zen Buddhism*, p. 49.

Pratiquement, l'idéal éthique du Zen est d'arriver à « un état sans crainte, de totale assurance », de passer de l'esclavage à la liberté. « Le Zen est une question de caractère et non d'intelligence. Cela veut dire que le Zen jaillit de la volonté comme principe premier de la vie » (1).

(1) D. T. Suzuki, *Introduction to Zen Buddhism*, p. 49.

CHAPITRE VI

Dé-refoulement et illumination

Que résultera-t-il de notre discussion sur les liens mutuels entre la psychanalyse (1) et le Bouddhisme Zen ?

Dès à présent, le lecteur aura été frappé par le fait que l'incompatibilité présumée entre le Zen et la psychanalyse ne relève que d'une connaissance superficielle de ces deux systèmes. Bien au contraire, il existe entre eux des affinités surprenantes. Ce chapitre sera consacré à une explicitation détaillée de ces affinités.

Commençons avec les propositions du Dr Suzuki, citées plus haut, sur le but du Zen. « Le Zen est dans son essence l'art de voir dans la nature de son être. Il indique la voie de l'esclavage à la liberté... Nous pouvons dire que le Zen libère toutes nos énergies accumulées, normalement et naturellement, en chacun de nous et qui dans les circonstances ordinaires sont contractées et déformées au point de ne pouvoir trouver une voie qui leur permette d'agir. L'objet du Zen est donc de nous sauver de la paralysie et de la folie. C'est ce que je veux exprimer par cette liberté qui donne libre cour à toutes ces impulsions créatrices et bienfaisantes, innées en notre cœur. Généralement, nous restons aveugles à ce fait que nous sommes en possession de toutes les facultés nécessaires pour être heureux et pleins d'amour les uns pour les autres. »

Cette description de l'objectif du Zen pourrait s'appliquer telle

(1) Dans ce chapitre, « psychanalyse » se référera à la « psychanalyse humaniste » prise comme un développement de l'analyse freudienne, incluant toutefois ces aspects de l'analyse freudienne qui sont à la racine de ce développement.

quelle aux aspirations de la psychanalyse. La vision de sa propre nature, la réalisation de la liberté, bonheur et amour, libération de l'énergie, affranchissement de la folie et de l'infirmité.

Cette dernière affirmation que nous sommes face à l'alternative de la folie ou de l'illumination peut nous paraître déconcertante, mais je l'estime basée sur l'observation des faits. Alors que la psychiatrie se préoccupe de découvrir pourquoi *certains* individus deviennent fous, la question vraie serait de découvrir pourquoi la *plupart d'entre eux* ne le deviennent pas. Etant donné la position de l'homme dans le monde, son aliénation, sa solitude, son impuissance et la conscience qu'il en a, on pourrait s'attendre à ce que le poids de ce fardeau soit trop lourd pour lui et que, sous une telle pression, il éclate littéralement « en pièces et morceaux ». La plupart des individus échappent à cette éventualité à l'aide des mécanismes compensatoires, tels l'astreignante routine de la vie, le conformisme aux lois, la quête du pouvoir, du prestige, de l'argent, la soumission aux idoles — partagés avec d'autres dans des cultes religieux — une vie masochiste d'autosacrifice, une inflation narcissique, bref par une infirmité. Tous ces mécanismes compensatoires — à condition qu'ils fonctionnent — peuvent maintenir jusqu'à un certain point la santé, mais la seule solution fondamentale du problème, qui puisse réellement surmonter cette folie en puissance, est une réponse plénière et créatrice au monde, dont la forme la plus élevée est l'illumination.

Avant d'en arriver au cœur même de la relation entre la psychanalyse et le Zen, je voudrais étudier encore quelques affinités plus superficielles.

D'abord il nous faut mentionner l'orientation éthique commune au Zen et à l'analyse : le dépassement de l'avidité — que ce soit une avidité de biens matériels ou de gloire ou de tout autre objet (« convoitise » comme il est dit dans l'Ancien Testament) — est une des conditions de l'accomplissement Zen. Tel est également le but précis que recherche la psychanalyse. Freud, dans sa théorie de l'évolution de la libido à partir du niveau oral réceptif jusqu'au niveau génital, en passant par l'oral sadique et l'anal, a établi implicitement qu'un caractère sain se développe, en partant d'une tendance à l'avidité, à la cruauté, à l'avarice, jusqu'à la tendance à l'activité et à l'indépendance. Dans ma propre terminologie, qui suit les observations cliniques de Freud, j'ai rendu cet élément de valeur plus explicite en parlant d'une évolution à partir d'une tendance à la réceptivité jusqu'à la tendance à la production à travers les tendances à l'exploitation, l'accumulation, la consommation. Peu importe la terminologie, le point essentiel est que dans la psychanalyse, l'avidité est conçue comme un phénomène pathologique qui apparaît chez l'individu dont les capacités d'activité et de création ne se sont pas développées. La Psychanalyse ni le Zen ne sont *primordialement* un système éthique. Tel celui de la psychanalyse, le but du Zen transcende tout comportement éthique. On pourrait dire que les deux systèmes présupposent que l'accomplissement de leur dessein apportera par lui-même une transformation d'ordre éthique, en l'occurrence un dépassement de l'avidité et un pouvoir d'amour et de compassion. Ils ne tendent pas à faire de l'homme un être vertueux par la suppression des « mauvais désirs », mais ils s'attendent à ce que ces « mauvais » désirs s'évanouissent dans la lumière chaleureuse d'une conscience élargie. Quelle que soit la relation de cause à effet entre l'illumination et la transformation éthique, ce serait une erreur fondamentale de croire que le but du Zen ne soit pas lié au dépassement de l'avidité, de l'autoglorification, de la folie, ou que le *satori* puisse s'accomplir sans que s'accomplissent aussi l'humilité, l'amour et la compassion. Ce serait une erreur tout aussi grande de supposer que l'analyse puisse atteindre son but sans qu'une transformation similaire ne s'accomplisse dans la nature de l'individu. Un homme qui a atteint le niveau de la créativité n'est plus avide. En même temps il a également surmonté sa superbe, ses illusions d'omniscience et d'omnipotence, il est humble et se voit tel qu'il est. Analyse et Zen transcendent tous deux l'éthique et cependant leur but ne peut être atteint sans qu'une transformation d'ordre éthique n'ait lieu.

Un autre élément commun aux deux systèmes est leur indépendance affirmée vis-à-vis de toute forme d'autorité. Une des raisons principales des critiques de Freud contre la religion est d'avoir découvert dans la soumission à Dieu, un substitut illusoire pour l'ancienne soumission à un père punitif et protecteur. Dans sa croyance en Dieu, l'homme, selon Freud, prolonge sa dépendance infantile au lieu d'assumer la maturité, ce qui signifie ne dépendre que de ses propres forces. Qu'aurait pensé Freud d'une « religion » qui déclare : « Quand vous avez prononcé le nom du Bouddha, rincez-vous la bouche. » Qu'aurait-il pensé d'une religion qui ne connaît ni Dieu ni autorité irrationnelle d'aucune forme ? Dont le but principal est de libérer l'homme de toute dépendance, de le vivifier, de lui montrer qu'il est lui-même — et personne d'autre — responsable de son destin.

On pourrait se demander si l'attitude d'opposition à l'autorité n'est pas en contradiction avec l'existence du maître dans le Zen et de l'analyste dans la psychanalyse ? Une fois encore, on trouve ici une similitude profonde entre le Zen et l'analyse. Dans ces deux systèmes un guide est nécessaire, un homme qui soit passé par l'expérience que le patient (ou le disciple) doit entreprendre sous sa direction. Cela signifie-t-il que le patient (ou le disciple) se mette sous la dépendance de l'analyste ou du maître dont la parole constituera pour lui la vérité ? Sans nul doute, l'analyste tient compte du *fait* d'une telle dépendance (transfert) et reconnaît l'influence énorme que cela peut avoir. Mais le but de la psychanalyse est de reconnaître et éventuellement de dissoudre un tel lien, et d'amener le patient au point où il sera capable, pour avoir expérimenté par lui-même son inconscient, de se libérer totalement de l'analyste. Le maître Zen, et l'on peut en dire autant de l'analyste, connaît davantage et peut ainsi avoir un jugement certain, ce qui ne signifie pas le moins du monde qu'il impose ce jugement à son disciple. Il n'a pas appelé à lui le disciple, et ne lui a pas interdit de le quitter. Si de son propre gré le disciple vient demander au maître de le conduire par l'étroit sentier qui mène à l'illumination, le maître accepte, mais à la condition que le disciple comprenne bien qu'en dépit de tout le désir du maître de l'aider, c'est à lui de veiller sur lui-même. Personne d'entre nous ne peut sauver l'âme d'un autre. Il faut se sauver soi-même. Le seul rôle que le maître puisse jouer est celui d'un guide de montagne, comme a dit l'un d'entre eux : « En réalité, je n'ai rien à vous communiquer et si je l'essayais, ce serait pour vous un motif pour me ridiculiser. En outre, ce que je pourrais vous raconter, m'appartient en propre et ne saurait jamais être vôtre. »

On peut trouver dans le livre d'Herrigel, *Le Zen dans l'art chevaleresque du tir à l'arc*, une image frappante et concrète de l'attitude d'un maître Zen (1). Le maître Zen affirme une autorité rationnelle, c'est-à-dire qu'il connaît mieux comment pratiquer le tir à l'arc, et par cela est à même d'imposer une méthode d'apprentissage. Mais il récuse toute autorité irrationnelle, tout pouvoir sur l'apprenti. Il récuse la sujétion maintenue du disciple au maître. Au contraire, une fois l'apprenti parvenu lui-même à la maîtrise, il suit son propre chemin. Tout ce que le maître lui demande, est de lui faire parvenir de temps à autre une photographie qui lui fera savoir comment se comporte son élève. On pourrait dire que le maître Zen aime son disciple. Son amour est fait de réalisme et de maturité, qui se manifeste en aidant de tout son pouvoir le disciple à atteindre son but. Il sait cependant que le maître ne peut résoudre le problème pour le disciple, ne peut accomplir la tâche à sa place. Cet amour du maître Zen est un amour dépourvu de sentimentalité, un amour réaliste. C'est un amour qui accepte la vérité de la destinée humaine où personne ne peut sauver personne, mais où il faut, cependant tenter inlassablement et par tous les moyens, d'aider les autres à se sauver eux-mêmes. Tout amour qui ignore ces limites et se proclame capable de « sauver » l'âme d'autrui est un amour encore empreint de fatuité et d'ambition.

Il n'est pas nécessaire de prouver plus longuement que ce qui a été dit pour le maître Zen est valable aussi (ou devrait l'être) pour le psychanalyste. Freud estimait que l'indépendance du patient vis-à-vis du psychanalyste s'affirmerait mieux si l'analyste adoptait vis-à-vis de son patient l'attitude impersonnelle d'un miroir réfléchissant. Et des analystes tels que Ferenczi, Sullivan, moi-même et d'autres qui insistons sur la nécessité d'une relation entre le patient et l'analyste comme condition de compréhension, sont tout à fait d'avis que cette relation doit être libre de toute sentimentalité de distorsions irréelles et, spécialement, libre de toute — fût-elle la plus subtile et la plus indirecte — ingérence de l'analyste dans la vie du patient. Même pas celle de désirer que le patient aille bien. Si le patient désire se porter bien, s'il désire changer, tant mieux,

(1) Edit. Paul Derain, coll. « Bouddhisme et Jaïnisme ».

et l'analyste sera heureux de l'y aider. Mais si sa résistance au changement est trop grande, la responsabilité de l'analyste n'est pas en cause. Toute sa responsabilité consiste à donner le meilleur de sa science et de ses efforts, à se donner lui-même au patient en quête d'un but que le patient doit trouver par lui-même.

Lié à cette attitude de l'analyste, on relève une autre affinité encore entre l'analyse et le Bouddhisme Zen. La méthode « d'enseignement » du Zen est d'acculer le disciple. Le koan lui interdit toute échappatoire intellectuelle. Le koan ressemble à une barrière qui empêche toute fuite éventuelle. L'analyste fait — ou devrait faire — quelque chose de semblable. Il doit éviter d'alimenter le patient en interprétations et commentaires, dont l'unique résultat serait d'empêcher le patient d'accomplir ce saut de la réflexion à l'expérience qu'il ne peut accomplir que par lui-même. L'analyste doit, au contraire, écarter l'une après l'autre toute tentative de rationalisation, toute béquille, jusqu'au moment où le patient ne parviendra plus à se dérober et, forcé de percer à travers les fictions qui lui encombrent l'esprit, débouchera enfin dans l'expérience de la réalité, c'est-à-dire, deviendra conscient de ce dont il n'était pas conscient auparavant. Le processus ne se déroule pas sans nombre d'angoisses, et ces angoisses entraveraient cette percée à travers les fictions s'il n'y avait pas la présence rassurante de l'analyste. Mais cette sécurité provient du « fait d'être là », et non pas de paroles qui ne réussiraient qu'à paralyser cette expérience que le patient seul est à même d'expérimenter.

Jusqu'ici notre discussion a traité des points tangents de similitudes ou d'affinités entre Zen et Psychanalyse. Mais aucun de ces points de comparaison ne se révèle satisfaisant aussi longtemps qu'on n'a pas abordé franchement la fin essentielle du Zen qui est l'illumination et celle de la psychanalyse, qui est le dépassement du refoulement et la transformation de l'inconscient en conscient.

Résumons, du point de vue de l'analyse, ce qui a été dit à ce sujet. Le but de l'analyse est de faire de l'inconscient du conscient. Cependant, parler de « conscient » et « d'inconscient » équivaut à prendre les mots pour la réalité. Nous devons nous mettre bien en tête qu'il s'agit là de fonctions et non de lieux ou de contenus. A vrai dire, nous ne pouvons parler que d'états qui sont des degrés différents de refoulement, c'est-à-dire d'états où ne sont admises dans la conscience que les expériences qui seules ont traversé le triple barrage social du langage, de la logique et du contenu. Dans la mesure où je puis m'affranchir de ce filtre et parvenir à m'éprouver moi-même comme homme universel autrement dit, dans la mesure où je puis atténuer le refoulement, j'entre en contact avec mes plus profonds jaillissements intérieurs, ce qui signifie avec l'humanité en sa totalité. Si tout refoulement a été supprimé, il n'existe plus d'inconscient comme opposé au conscient, mais il y a l'expérience directe, immédiate. Et pour autant que je ne sois plus aliéné à moi-même, je ne suis plus aliéné à rien, ni à personne. En outre, dans la mesure où une part de mon Moi est séparée de moi-même et mon « inconscient » de mon conscient (c'est-à-dire, Moi, homme total, séparé de Moi, homme social), mon emprise sur le monde est faussée de plusieurs manières. Je n'expérimente autrui non avec mon Moi total, mais avec mon Moi déchiré, enfantin. Je n'expérimente donc autrui que sous l'apparence d'un personnage important de mon enfance et non pas dans sa réalité d'individu.

Deuxièmement, sous l'effet du refoulement, l'homme expérimente le monde avec une conscience faussée. Il ne voit pas ce qui est, mais il projette ses affabulations (imago) dans les choses et ainsi les voit non dans leur réalité, mais sous l'éclairage de ses affabulations et de ses fantasmes. Ce sont ses affabulations, écran de distorsion, qui créent ses passions et ses anxiétés. Parfois aussi l'homme refoulé, au lieu d'expérimenter choses et gens, expérimente par cérébralisation. Il est dans l'illusion d'être en contact avec le *monde*. En réalité, il n'est en contact qu'avec des *mots*.

Distorsions parataxiques, conscience faussée, cérébralisation ne sont pas au sens strict du terme des modes différents d'irréalité. Ce sont, plutôt, les aspects variables et enchevêtrés d'un unique phénomène d'irréalité qui persiste aussi longtemps que persiste la séparation entre l'homme social et l'homme total. Nous ne faisons que décrire un phénomène unique selon des expressions différentes en affirmant que l'individu au stade du refoulement est l'individu aliéné. L'individu projette ses sensations et idées sur les choses, il ne peut donc s'éprouver comme sujet de ses sensations, mais il se voit gouverné par des objets chargés de ses sensations.

A l'opposé de cette expérience, aliénée, déformée, parataxique, faussée, cérébralisée, on trouve l'appréhension du monde totale, directe, immédiate de l'enfant, dont ce mode d'expérience n'a pas encore été déformé par l'éducation. Pour le nouveau-né, aucune différence n'existe entre le Moi et le non-Moi. Cette séparation se fera graduellement et son achèvement final sera signifié par le fait que l'enfant pourra dire « moi ». Toutefois, la saisie du monde par l'enfant demeure relativement immédiate et directe. L'enfant qui joue à la balle, la voit réellement se mouvoir, il est totalement *dans* cette expérience et c'est pourquoi il peut la répéter indéfiniment avec une joie incessante. L'homme adulte croit aussi qu'il voit la balle rouler. Cela n'est vrai que pour autant qu'il voit l'objet-balle rouler sur l'objet-plancher. Il ne *voit* pas réellement le mouvement de la balle. Il *pense* le roulement de la balle sur le plancher et lorsqu'il dit « la balle roule », il ne fait que confirmer sa connaissance (A) d'un objet rond, ici appelé balle ; (B) qu'un objet rond, une fois poussé sur une surface plane, roule. Ses yeux ne travaillent que pour voir confirmer ses connaissances et pour l'affermir ainsi dans le monde.

L'état de dé-refoulement est l'état où l'on retrouve cette emprise sur la réalité immédiate et non déformée, cette simplicité et cette spontanéité de l'enfance. Mais comme ce retour à l'innocence se produit après avoir passé par le processus de l'aliénation, du développement de l'intellect, il se place à un niveau supérieur. Retourner à l'innocence n'est possible qu'après avoir perdu l'innocence.

Toute cette idée se trouve clairement exprimée dans l'Ancien Testament, par l'histoire de la Chute et dans la conception prophétique du Messie. Dans le récit biblique du Paradis terrestre, l'Homme se trouve dans un état d'unité indifférenciée. Il n'y a ni conscience, ni différenciation, ni choix, ni liberté, ni péché. L'homme est partie de la Nature et n'a conscience d'aucune différence entre elle et lui. Le premier acte de choix, qui est aussi la première désobéissance et le premier acte de liberté, brise cette unité primordiale préindividuelle. Cet acte conduit au surgissement de la conscience. L'homme prend conscience de lui-même en tant que lui. Il prend conscience de sa séparation d'avec Eve-la-femme, d'avec les animaux, d'avec la terre. Il éprouve cette séparation et en ressent de la honte — comme nous-même actuellement nous en ressentons toujours lorsque nous éprouvons cette séparation d'avec nos semblables. Il abandonne le jardin de l'Eden et l'histoire humaine commence. L'homme ne peut plus retrouver l'harmonie originelle, mais toutefois il peut lutter pour atteindre un nouvel état d'harmonie. Il peut l'atteindre par le développement total de sa raison, de son objectivité, de sa conscience, de son amour, « afin », comme l'a exprimé le prophète, « que la Terre soit pleine de la connaissance de Dieu comme l'océan est plein d'eau ». Selon la conception messianique, l'histoire est le lieu où se déroulera la transformation d'une harmonie primordiale et préindividuelle en une harmonie nouvelle basée sur la plénitude et la perfection de la raison développée. Ce nouvel état est appelé les temps messianiques. Alors le conflit entre l'homme et la nature, entre l'homme et l'homme aura disparu. Ce seront les temps où le désert deviendra vallée fertile, où l'agneau reposera côte à côte avec le loup, où l'épée deviendra soc de charrue. Les temps messianiques sont le Jardin de l'Eden et cependant son contraire. C'est l'unité dans son immédiateté, sa plénitude. Unité dans l'épanouissement total de l'homme redevenu enfant, mais enfant qui a traversé la croissance de l'être.

Le Nouveau Testament exprime la même idée. « En vérité, je vous le dis, quiconque n'accueille pas le royaume de Dieu en petit enfant, n'y entrera pas » (1). Le sens est clair, il nous faut retourner à l'enfance, expérimenter l'appréhension créatrice, sans aliénation, du monde. Toutefois, ce n'est plus en enfants que nous retrouvons l'enfance, mais dans la plénitude épanouie de l'adulte. Ceci aussi est une expérience décrite par le Nouveau Testament : « Aujourd'hui certes, nous voyons dans un miroir d'une manière confuse, mais alors ce sera face à face. Aujourd'hui je connais d'une manière imparfaite, mais alors je connaîtrai comme je suis connu » (2).

« Devenir conscient de l'inconscient » signifie vaincre le refoulement, l'aliénation de moi-même et vaincre aussi l'aliénation de ce qui m'est étranger. Cela signifie s'éveiller, rejeter les illusions, les fictions, les mensonges et voir la réalité telle qu'elle est. L'homme réveillé est l'homme libéré. L'homme dont la liberté ne peut plus

(1) Saint Luc, 18, 17, trad. *Bible de Jérusalem.*
(2) Saint Paul, Corinthiens, 13, 11, trad. *Bible de Jérusalem.*

être entravée ni par autrui, ni par lui-même. Le processus qui consiste à devenir conscient de ce qui ne l'était pas, constitue la révolution intérieure de l'homme. C'est le réveil authentique, racine à la fois de la pensée intellectuelle créatrice et de la saisie immédiate intuitive. Mentir n'est possible qu'en état d'aliénation où la réalité est pensée, mais non saisie. Il devient impossible de mentir pour qui, éveillé, est ouvert à la réalité, car le mensonge s'évanouit sous la force de l'expérimentation totale. En dernière analyse, rendre l'inconscient conscient équivaut à vivre dans la vérité. La réalité n'est plus aliénée, je lui suis ouvert. Je la laisse être. D'où la « vérité » de ma réponse à la réalité.

L'idéal d'une appréhension totale et immédiate du monde est l'idéal du Zen. Comme le Pr Suzuki a traité de l'inconscient, dans ce livre, je puis me référer à ses propos. Ce qui éclaircira mieux encore les relations entre les concepts du Zen et ceux de la psychanalyse.

Avant tout, je voudrais une fois encore souligner les difficultés terminologiques qui compliquent les choses, inutilement, à mon avis, par l'emploi des termes *le* conscient et *l'*inconscient à la place de l'expression fonctionnelle de perception plus ou moins grande d'expérience dans l'homme total. Je crois qu'une fois libérés de ce malentendu terminologique, nous pourrions voir plus facilement les liens entre l'idée de l'illumination et le véritable sens de rendre l'inconscient conscient.

« Cette approche Zen consiste à pénétrer droit au cœur de l'objet lui-même, à le voir de l'intérieur tel qu'il est. » Cette appréhension immédiate de la réalité « peut être appelée aussi volitive ou créatrice ». Suzuki parle ensuite de cette source de créativité comme de « l'inconscient Zen » et poursuit en disant que « l'inconscient doit être senti, non dans le sens ordinaire du mot mais dans le sens que j'appellerais le plus primordial, le plus fondamental du mot ». Cette formulation parle ici de l'inconscient comme d'un royaume qui réside à l'intérieur de la personnalité et qui à la fois la transcende, et Suzuki continue : « La perception de l'inconscient est beaucoup plus fondamentale, plus primordiale. » Traduisant cela en termes fonctionnels, je ne parlerais pas d'appréhension « de l'inconscient » mais plutôt de perception d'un champ d'expérience plus profond et non banalisé, ou pour l'exprimer d'une manière encore différente : d'un relâchement du degré de refoulement et, ainsi, d'une réduction de la distorsion parataxique des projections et de la cérébralisation de la réalité. Mais lorsque Suzuki parle de l'homme du Zen, dont la vie intérieure « communique directement avec le grand inconscient », je préférerai formuler cela ainsi : être conscient de sa réalité propre et de celle du monde dévoilé dans la plénitude de sa profondeur. Un peu plus loin d'ailleurs, Suzuki emploie le même langage fonctionnel, quand il énonce ceci : « (L'inconscient) est en fait ce qui nous est le plus intime, et c'est à cause de cette intimité même que nous ne pouvons pas le saisir, pas plus que l'œil ne peut se saisir lui-même. *Il faut donc un entraînement particulier pour prendre la conscience de l'inconscient* » (1). Suzuki choisit ici une formulation qui pourrait être exactement une formulation choisie par la psychanalyse. L'objectif est devenir conscient de l'inconscient, et pour atteindre cet objectif le conscient a besoin d'un entraînement particulier. Ceci n'impliquerait-il pas que Zen et Psychanalyse ont le même but et ne diffèrent que par leur méthode d'entraînement ?

Avant de revenir sur ce point, je voudrais traiter de quelques autres qui ont besoin d'être éclaircis.

Dans son exposé, le Pr Suzuki fait allusion au même problème que j'ai mentionné plus haut dans la discussion sur le concept de la psychanalyse : celui de la connaissance et l'état d'innocence. Ce qui est appelé dans la terminologie biblique perte de l'innocence par l'acquisition de la connaissance est appelé dans le Zen comme dans le Bouddhisme en général « contamination affective » *(klesha)* ou « l'interférence de l'esprit conscient dominé par l'intellect » *(vyñāna)*. Le terme « intellect » fait naître un problème très important. L'intellect est-il équivalent à la conscience ? En ce cas, rendre l'inconscient conscient aboutirait à augmenter la puissance de l'intellect, ce qui serait un but exactement opposé à celui du Zen. Si cela était, effectivement les deux idéaux s'opposeraient diamétralement. L'un luttant pour le surpassement de l'intellection, l'autre pour un accroissement de ses pouvoirs.

Il faut reconnaître que Freud dans les premières années de ses

(1) C'est moi qui souligne.

travaux, alors qu'il croyait encore que les explications justes données au patient par l'analyste suffisaient à le guérir, concevait l'intellect comme le but de l'analyse. On doit admettre, en outre, que beaucoup d'analystes, dans la pratique, ne sont pas encore sortis de cette conception et que Freud lui-même ne s'est jamais exprimé très clairement sur la différence entre l'intellection et l'expérience totale affective qui survient dans un authentique « travail de percée ». Or, c'est précisément cette vision expérimentale et non intellectuelle qui constitue l'objectif de la psychanalyse. Comme je l'ai déjà dit, être conscient de ma respiration ne signifie pas *réfléchir* sur ma respiration, pas plus qu'être conscient du mouvement de ma main ne veut dire *réfléchir* sur lui. Bien au contraire, en *réfléchissant sur* ma respiration ou sur le mouvement de ma main, j'en perds la conscience. Même chose pour la conscience que j'ai d'une fleur, d'un individu, d'une sensation de bonheur, d'amour ou de paix. Le caractère de toute vraie vision intérieure, en psychanalyse, est qu'elle ne peut s'énoncer sous forme de pensée, alors que le caractère de toute mauvaise analyse est que sa « vision » s'exprime en théories compliquées, qui n'ont rien à voir avec une expérience immédiate. La vision psychanalytique vraie est soudaine. Elle arrive sans être provoquée ni préméditée. Elle naît non pas de notre esprit, mais, selon l'expression japonaise, de notre ventre. Elle ne peut être formulée en paroles et se dérobe à toute tentative semblable. Elle est toutefois réelle et consciente, et fait de celui qui l'a éprouvée un individu transformé.

L'appréhension immédiate du monde par l'enfant est celle qui précède le développement de la conscience, de l'objectivité et du sens de la réalité en tant que séparée de lui. A ce stade-là, « l'inconscient demeure instinctuel, il ne dépasse pas celui du nourrisson ou de l'animal et ne peut être celui d'un homme évolué » (1). Dans l'émergence de l'inconscience primitive à la conscience de soi, le monde est éprouvé comme aliéné, vécu sur la base d'une déchirure entre l'objet et le sujet d'une séparation entre l'homme total et l'homme social, entre l'inconscient et le conscient. Toutefois, dans la mesure où le conscient a été entraîné à s'ouvrir, à relâcher l'emprise

(1) Suzuki, *supra.*

sur lui du triple filtre, la faille entre conscient et inconscient disparaît. Cette faille éliminée totalement, l'expérience se fait directe, immédiate, consciente. C'est le genre même d'expérience qui se produit sans intellection, ni réflexion. Spinoza appelait cette connaissance la plus haute forme de connaissance : l'*intuition*. C'est elle que Suzuki décrit comme l'approche qui « consiste à pénétrer droit au cœur de l'objet, à le voir tel qu'il est, par l'intérieur ». C'est elle la manière volitive ou créatrice de voir la réalité. L'homme, par cette expérience d'une appréhension directe, immédiate, des choses, devient « l'artiste créateur de la vie », que nous sommes tous. Ce que nous avons oublié « (cet artiste créateur de vie) par le moindre de ses actes exprime son originalité, son pouvoir créateur, toute sa vivante personnalité. On ne trouve plus en lui ni conformisme, ni conventionalité, ni motivation inhibitrice... Il n'a plus de soi coincé dans son existence égocentrique, fragmentaire, limitée, contrainte. Il est sorti de prison » (1).

« L'homme épanoui » après qu'il s'est purifié de la « contamination affective » et de l'ingérence de son intellect, peut mener « une vie libre et spontanée où peur, angoisse et insécurité ne trouvent plus lieu où l'assaillir » (2). Ce que Suzuki dit à propos de la fonction libératrice de la réalisation est ce que l'analyse, de son point de vue, dira à propos du résultat escompté de la vision intérieure totalement réalisée.

Il reste une question de terminologie que je ne veux mentionner que brièvement car, comme toute question de terminologie, elle est de peu d'importance. J'ai dit auparavant que Suzuki parlait de l'entraînement du conscient, mais ailleurs, il parle de « l'*inconscient entraîné* » qui a intégré toutes les expériences traversées depuis l'enfance et devenues composantes de son être entier (3). On pourrait voir une contradiction dans l'emploi simultané de « conscient entraîné » et « d'inconscient entraîné ». Mais en réalité, je ne crois pas du tout qu'il s'agisse là de contradiction. Dans le processus qui doit rendre l'inconscient conscient, qui doit mener à la plénitude

(1) SUZUKI, *supra*.
(2) SUZUKY, *supra*.
(3) SUZUKI, *supra*.

et, de là, à l'immédiate réalité de l'expérience, l'inconscient, tout comme le conscient, doit être entraîné. Le conscient doit être entraîné à perdre sa confiance dans le filtre des conventions, alors que l'inconscient doit être poussé à émerger en pleine lumière, hors de sa vie secrète et séparée. Mais en réalité, parler d'entraînement du conscient et de l'inconscient est parler par métaphores. Ni conscient, ni inconscient n'ont à être entraînés (puisqu'il n'y a ni conscient, ni inconscient), mais c'est l'*homme* qui doit l'être. Il doit s'entraîner à renoncer au refoulement, à expérimenter la réalité, pleinement, clairement, avec toute sa conscience et cela sans réflexion intellectuelle sauf dans les cas où elle est requise comme dans les sciences ou les occupations pratiques.

Suzuki propose d'appeler cette forme de l'inconscient l'Inconscient Cosmique. Il n'y a, bien entendu, aucun argument valable contre une telle terminologie pourvu qu'elle soit explicitée aussi clairement que dans le texte de Suzuki. Néanmoins, je préférerais employer le terme de « Conscient Cosmique » dont Bucke use pour désigner une nouvelle forme de conscience qui se fait jour (1). Je préférerais ce terme, car dans la mesure où l'inconscient devient conscient, il cesse d'être inconscient. (Il faut toujours avoir bien dans l'esprit qu'il ne devient pas, pour autant, intellectualisme réfléchissant.) L'inconscience cosmique reste inconsciente aussi longtemps que nous en restons séparés, c'est-à-dire, que nous restons inconscients de la réalité. Dans la mesure où nous nous éveillons pour entrer en contact avec la réalité, il n'y a plus rien dont nous demeurions inconscients. Il faut ajouter que l'usage du terme *Conscience Cosmique*

(1) Richard R. Bucke, *Cosmic Consciousness, A Study in the Evolution of the Human Mind* (Innes & Sons, 1901 ; New York, Dutton, 1923, 17e éd., 1954). Il nous faut mentionner en passant que le livre de Bucke est le plus apparenté au sujet de cet essai. Bucke, psychologue de grande connaissance et expérience, avec une foi profonde en une société socialiste « qui abolirait la propriété individuelle et débarrasserait à l'instant la terre de ses deux grands fléaux, la richesse et la pauvreté », développe dans son livre l'hypothèse d'une évolution de la conscience humaine. Selon lui, l'homme a progressé depuis la simple « conscience humaine » à la « conscience de soi humaine » et se trouve à présent au seuil du développement d'une « Conscience Cosmique », événement révolutionnaire qui s'est déjà produit au cours de ces deux millénaires chez quelques personnalités remarquables. Ce que Bucke appelle « Conscience Cosmique » est à mon avis exactement ce que le Zen appelle *satori*.

plutôt que « conscient » marque une fonction de perception plutôt qu'une localisation dans la personnalité.

Où nous conduit toute cette discussion sur les relations entre le Zen et la psychanalyse ?

Le but du Zen est l'illumination : l'appréhension immédiate, instantanée (irréfléchie) de la réalité, appréhension sans contamination affective, sans intellectualisation et la réalisation du rapport entre moi et l'univers. Cette expérience nouvelle n'est que la répétition de l'appréhension du monde, préintellectuelle et immédiate, de l'enfant mais à un niveau supérieur : celui du plein développement de la raison, de l'objectivité, de l'individualité de l'homme. Alors que l'expérience de l'enfant, celle de l'immédiateté et de l'unicité, se situe avant l'expérience de l'aliénation et de la fissure sujet-objet, l'expérience illuminée se situe après.

Le but de la psychanalyse, selon Freud, est de faire de l'inconscient du conscient, de remplacer l'Id par l'Ego. Evidemment, le contenu de l'inconscient à découvrir était limité à un petit secteur de la personnalité, à ces courants instinctuels vivaces dans l'enfance, mais voués à l'amnésie. La technique analytique avait donc comme but de les libérer de cet état de refoulement. En outre, le secteur à découvrir, tout à fait à part des prémisses théoriques de Freud, était délimité par la nécessité thérapeutique de soigner un symptôme bien déterminé. Il semblait y avoir peu d'intérêt à découvrir l'inconscient au-delà du secteur relié au symptôme à guérir. Peu à peu, au cours de ces dernières années, la découverte de l'instinct de mort de l'Erôs, le développement des aspects de l'Ego ont amené un certain élargissement des concepts freudiens sur le contenu de l'inconscient. Les écoles non freudiennes ont agrandi considérablement le champ des découvertes dans l'inconscient. A cet élargissement contribuèrent plus particulièrement Jung, mais aussi Adler, Rank et d'autres auteurs plus récents appelés néo-freudiens. Toutefois, chez Jung excepté, en dépit d'un tel élargissement, la partie de l'inconscient à découvrir restait tributaire d'une intention thérapeutique liée à tel ou tel symptôme, à tel ou tel trait de caractère névropathique. L'élargissement ne concernait pas encore la totalité de l'individu.

Toutefois, si l'on veut poursuivre jusqu'à ses plus extrêmes conséquences le but original de Freud — faire de l'inconscient du conscient — il faut se libérer des limites imposées par l'orientation purement instinctuelle de Freud et le souci immédiat de la guérison des symptômes. Si l'on a comme but la récupération totale de l'inconscient, le travail ne peut se borner aux instincts ou à d'autres secteurs limités de l'expérience. Il doit envisager l'expérience totale de l'homme total. Le but devient alors : vaincre l'aliénation et supprimer le hiatus sujet-objet dans la perception du monde. C'est alors que le dévoilement de l'inconscient signifie le dépassement de la contamination affective et de la cérébralisation. Il signifie le dé-refoulement, la suppression de l'écart entre l'homme universel et l'homme social. Il signifie la disparition de la polarité inconscient-conscient. Il signifie l'accès à l'appréhension immédiate de la réalité sans distorsion, sans interférence de la réflexion intellectuelle. Cela signifie la victoire sur le désir de posséder son Ego, sur son adoration. Cela signifie le renoncement à l'illusion d'un Ego distinct et indestructible qu'il faut accroître et conserver, comme les pharaons momifiés espéraient conserver leur personne pour l'éternité. Etre conscient de l'inconscient signifie donc être ouvert, coopératif, n'*avoir* rien, mais *être*.

La reconquête totale de l'inconscient par le conscient est, de toute évidence, un but plus absolu que celui de la psychanalyse en général. La raison en est facile à comprendre. Atteindre cet objectif total requiert un effort que peu d'Occidentaux sont désireux d'accomplir. Mais indépendamment de cette question d'effort, simplement concevoir un tel but n'est possible que dans certaines conditions. Avant tout, ce but absolu ne peut s'envisager que sous l'angle d'une position philosophique particulière. Il est inutile de la décrire en détail. Il suffit de dire que ce n'est pas le but purement négatif de l'absence de maladie qui est poursuivi ici, mais celui positif de la présence du bien-être. Ce bien-être étant conçu comme l'union totale et la saisie immédiate et sans contamination, du monde. Rien ne peut mieux dépeindre cet objectif que les termes employés par Suzuki : « L'art de vivre. » Il faut bien se mettre dans l'esprit qu'une conception telle que « l'art de vivre » peut croître uniquement sur le sol d'un humanisme spirituel tel que celui, sous-jacent à l'enseignement du Bouddha, des prophètes, de Jésus-Christ, de Maître Eckart, et d'hommes tels que Blake, Walt Witman ou Bucke. Ce n'est qu'envisagée sous cet angle qu'une conception comme « l'art de vivre » ne perd pas sa qualité particulière pour dégénérer en ce qu'on appelle aujourd'hui « le bonheur ». Il ne faut pas oublier non plus que cette orientation humaniste inclut en elle un idéal éthique. Bien que le Zen transcende toute éthique, il inclut en lui les idéaux qui sont à la base de l'éthique du Bouddhisme. Ce sont essentiellement les mêmes que ceux de tout enseignement humaniste. L'accomplissement de l'idéal Zen, tel que Suzuki nous l'a très clairement montré plus haut dans ce livre, implique la victoire sur toutes les formes d'avidité, avidité de possessions matérielles, de gloire, d'affection. Il implique aussi la victoire sur l'autoglorification narcissique et sur l'illusion de l'omnipotence. Il implique, en outre, la renonciation au désir de se soumettre à une autorité qui résoudrait pour vous le problème de l'existence. Evidemment, celui qui ne voit dans la découverte de l'inconscient qu'un remède contre ses troubles, ne tentera même pas d'atteindre le but absolu de la victoire, qui consiste à vaincre le refoulement.

Ce serait une erreur de croire que le dé-refoulement, but absolu, n'ait aucun rapport avec un but thérapeutique. Après avoir reconnu que la cure de symptômes névrotiques et la prévention de symptômes névrotiques ultérieurs s'accompagnent d'une transformation du caractère, il faut reconnaître aussi que le changement de tel ou tel trait de nature névrotique n'est possible qu'à travers la poursuite d'un but plus absolu qui est la transformation totale de l'individu. Il se peut que les résultats partiellement décevants de l'analyse de caractère (qui n'a jamais été aussi honnêtement exposée que par Freud dans son livre *Analysis, Terminable or Interminable ?*) soient dus précisément au fait que le but poursuivi dans la cure d'un état névrotique n'ait pas été assez ambitieux. Il se peut que le bien-être, la libération de l'angoisse et de l'insécurité, ne puisse s'accomplir qu'en transcendant un but aussi limité, c'est-à-dire, qu'il faille réaliser que ce but limité à la seule thérapeutique ne peut s'accomplir en restant ainsi limité, mais qu'il doit s'inscrire dans un cadre de références plus étendu et plus humaniste. Peut-être ce but limité serait-il atteint par une méthode plus restreinte et temporellement moins onéreuse, si le temps et l'énergie dépensés durant le long processus analytique étaient employés plus fructueusement à poursuivre ce but plus absolu de « transformation » plutôt que celui plus étroit de « rétablissement ». Cette proposition peut être renforcée par une affirmation faite plus haut. L'homme, aussi longtemps qu'il n'a pas atteint cette relation créatrice dont le *satori* est l'expression la plus complète, compense, vaille que vaille, une propension inhérente à la dépression, par la vie routinière, l'idolâtrie, la destruction, une avidité de biens matériels, de réputation, etc. Si l'une de ces compensations avorte, sa santé est menacée. La guérison de cette maladie en puissance ne réside que dans une transformation d'orientation, depuis la déchirure et l'aliénation jusqu'à la saisie immédiate, créatrice du monde et la réponse positive qu'on lui apporte. Seule une analyse capable d'orienter dans cette direction sera capable de réaliser la vraie santé mentale. Sinon, elle ne pourra jamais qu'améliorer des mécanismes compensatoires. En d'autres termes, on peut « guérir » quelqu'un d'un symptôme ; on ne peut le « guérir » d'un caractère névrotique. L'homme n'est pas une chose, il n'est pas un « cas » et l'analyste ne guérira jamais personne en le traitant comme une chose ou un cas. Tout au contraire, l'analyste ne peut qu'aider un homme à s'éveiller au cours d'un processus dans lequel l'analyste s'est engagé avec le patient, tous deux développant une compréhension mutuelle qui équivaut à l'expérience de leur unicité.

Ceci dit, il faut s'attendre à rencontrer une objection. Si, comme je l'ai dit plus haut, la réalisation du dévoilement total de l'inconscient en conscient est un but absolu aussi difficile à atteindre que l'illumination, est-il sensé d'en discuter comme d'une chose qui aurait quelque possibilité d'application universelle ? N'est-ce pas là pure spéculation que de poser le problème de ce but absolu, dont la poursuite justifierait seule les espérances d'une thérapeutique analytique ?

S'il n'y avait que l'alternative entre l'illumination totale ou rien, l'objection serait valable, mais il n'en est rien. Le Zen conçoit beaucoup d'étapes dans l'illumination, dont le *satori* est l'ultime et décisive. Pour autant qu'il m'apparaisse, l'expérience tire sa valeur des pas faits dans la direction du *satori*, quand bien même le *satori* ne serait jamais atteint. Le Pr Suzuki a illustré ce point de vue de la manière suivante : si dans une chambre obscure on allume une chandelle, les ténèbres ont disparu et la lumière s'est faite. Mais si l'on ajoute dix, cent ou mille autres chandelles, la chambre deviendra de plus en plus brillante. Toutefois, le changement décisif a été provoqué par la première chandelle, qui a dissipé les ténèbres (1).

Que se passe-t-il dans le processus analytique. Un homme éprouve pour la première fois qu'il est vaniteux, peureux, haineux alors qu'il se croyait modeste, courageux, aimant. Cette nouvelle vision peut le blesser, mais elle lui ouvre une porte. Elle lui permet de ne plus projeter sur autrui ce qu'il refoulait en lui-même. Il progresse. Il expérimente en lui le bébé, l'enfant, l'adolescent, le criminel, le fou, le saint, l'artiste, le mâle et la femelle. Il entre en contact plus profondément avec l'humaniste, avec l'homme universel. Il refoule moins. Il est plus libre. Projections et cérébralisations lui sont moins nécessaires. Il peut pour la première fois expérimenter sa vision des couleurs, d'une balle qui roule, et comment d'un seul coup ses oreilles s'ouvrent pleinement à la musique, alors que jusqu'à présent il ne faisait que *l'*écouter. Pressentant son unicité avec autrui, il peut pour la première fois obtenir un aperçu de ce qu'est l'illusion d'un Ego individuel, séparé, qui serait une *chose* à sauver, à cultiver. A laquelle il faille se cramponner. Il expérimente la futilité de chercher une réponse, à la vie qui consisterait à *se posséder* soi-même au lieu d'*être* et de *devenir* soi-même. Toutes ces expériences sont soudaines, imprévues, sans contenu intellectuel. Après elles, l'individu se sent plus fort, plus libre et moins angoissé qu'il ne l'a jamais été.

Jusqu'ici nous avons parlé d'objectifs, et j'ai avancé l'idée qu'en poussant jusqu'à ses conséquences extrêmes le principe freudien de la transformation de l'inconscient en conscient, on s'approcherait du concept de l'illumination. Mais quant à la *méthode* pour atteindre cet objectif, Psychanalyse et Zen diffèrent grandement. On pourrait dire que la méthode Zen consiste à attaquer de front le mode aliénant de perception, par la « méditation assise », le koan, et l'autorité d'un maître. Evidemment, tout ceci ne relève pas d'une « technique » qui puisse être isolée des postulats de la pensée bouddhique, ou du comportement et des valeurs éthiques incarnées par le maître et composant l'ambiance du monastère. Il faut se souvenir aussi qu'il ne s'agit pas là d'une occupation de « cinq heures à la semaine » et que par le fait même d'être venu quémander l'instruction Zen,

(1) Communication personnelle faite à l'auteur.

le disciple a pris une décision capitale, une décision dont dépendra en grande partie ce qui s'ensuivra.

La méthode analytique diffère totalement de celle du Zen. Elle apprend au conscient à prendre possession de l'inconscient par une tout autre voie. Elle attire l'attention sur la perception qui est déformée. Elle fait découvrir en soi-même l'existence d'une illusion. Elle élargit le champ de l'expérience humaine par la suppression du refoulement. La méthode analytique est une méthode psychologico-empirique. Elle examine le développement psychique d'un individu depuis son enfance et s'efforce de faire revivre en lui les premières expériences afin de l'aider à expérimenter ce qui est, pour le moment, refoulé. Elle procède en découvrant pas à pas les illusions sur le monde qui habite l'individu, pour diminuer les distorsions parataxiques et les intellectualisations aliénantes. L'individu qui suit ce processus, en devenant de moins en moins étranger à lui-même, devient de moins en moins étranger au monde. Parce qu'il est entré en contact avec son univers intérieur, il est entré en contact avec l'univers extérieur. La fausse conscience disparaît et avec elle la polarité conscient-inconscient. Un nouveau réalisme se fait jour où « les montagnes sont à nouveau des montagnes ». Bien entendu, la méthode analytique n'est qu'une préparation, mais il en est de même pour le Zen. Et par le fait même que c'est une méthode, elle ne garantit jamais la réussite. Les facteurs qui permettent d'atteindre ce but sont enracinés profondément dans la personnalité de l'individu et nous en connaissons fort peu.

J'ai suggéré que la méthode du dévoilement de l'inconscient, poussée jusqu'à ses ultimes conséquences, pourrait être un pas vers l'illumination, à condition qu'elle soit prise dans le contexte philosophique qui est exprimé par le Zen de la manière la plus absolue et la plus réaliste. Seul un grand nombre d'expériences ultérieures montrera jusqu'où l'application de cette méthode peut conduire. Le point de vue exprimé ici ne fait qu'indiquer une possibilité et par conséquent n'a qu'un caractère d'hypothèse encore à prouver.

Mais on peut dire avec une certitude plus grande que la connaissance du Zen et l'intérêt qu'on y prend peuvent avoir l'influence la plus fructueuse et la plus illuminante sur la théorie et la pratique de l'analyse. Le Zen, pour différent de la psychanalyse qu'il soit dans sa méthode, peut aiguiser l'attention, jeter une lumière nouvelle sur la notion de la vision intérieure. Il peut donner un sens plus élevé à ce qui est à découvrir, à ce qui doit devenir créateur, à ce qui doit surmonter la contamination affective et la fausse intellectualisation qui sont le résultat inévitable d'une expérience basée sur la rupture sujet-objet.

Par son opposition absolue à l'intellectualisation, à l'autorité, à la duperie de l'Ego, par son insistance sur l'idéal du bien-être, la pensée Zen approfondira et élargira l'horizon de l'analyste. Elle l'aidera à atteindre une conception plus absolue sur la saisie de la réalité en tant qu'idéal d'une perception pleinement consciente.

S'il est permis de spéculer plus avant sur les relations entre le Zen et la psychanalyse, on pourrait imaginer aussi que l'analyse puisse avoir un sens important pour le disciple du Zen. Je l'entrevois parfaitement bien comme un secours contre le danger d'une fausse illumination (qui n'est évidemment pas une illumination) purement subjective et fondée sur un phénomène psychotique ou hystérique, ou sur un état de transe provoqué par autosuggestion. L'éclaircissement par l'analyse pourrait aider le disciple Zen à écarter les illusions, dont l'absence est la condition même de l'illumination.

Quel que soit l'usage que le Zen fera de l'analyse, du point de vue de l'analyste occidental je tiens à exprimer ma reconnaissance à l'Orient pour ce don précieux et tout particulièrement au Pr Suzuki qui est parvenu à traduire la pensée orientale dans la pensée occidentale, sans que rien de son essence ne soit perdu. Ainsi l'Occidental, s'il veut s'en donner la peine, peut avancer dans la compréhension du Zen aussi loin qu'il est possible, avant d'en atteindre le but final. Nous serait-il possible d'arriver à une telle compréhension si « en chacun de nous ne se trouvait la « nature de Bouddha » ? Si l'homme et l'existence n'étaient pas des catégories universelles ? Et l'appréhension immédiate de la réalité, le réveil et l'illumination, des expériences universelles » ?

TROISIÈME PARTIE

La condition humaine et le Bouddhisme Zen

PAR RICHARD DE MARTINO

Il me faut aujourd'hui tracer un panorama du Zen approprié à la discipline particulière de ces conférences, c'est-à-dire la psychologie des profondeurs et la psychothérapie. C'est pourquoi, selon les limites de ma compréhension dépourvue d'autorité en la matière, je tenterai une description générale des rapports entre le Zen et la condition humaine.

Avant toute chose, l'existence humaine est autoconsciente ou selon le terme, ici plus adéquat, conscience-ego. L'homme n'atteint pas d'un coup l'existence humaine. Le tout-petit n'est pas encore humain. Le déficient mental n'est jamais tout à fait humain. L' « enfant-loup » n'est humain qu'en partie. Le psychotique incurable n'est apparemment plus du tout humain.

Ce n'est pas que le tout-petit, l'enfant-loup, le débile mental et le psychotique ne soient jamais pur animal. Le conscient pré-égotique du tout-petit, le conscient-ego avorté de l'enfant-loup et celui détérioré du psychotique dérivent tous de cette orientation spécifique qui devrait être la norme de leur être épanoui et inaltéré. Cette norme est le conscience-ego dont les premières manifestations apparaissent entre l'âge de deux et cinq ans chez un enfant né de parents humains et élevé dans une société humaine. Anticipons pour le moment toute description phénoménologique de l'origine et du développement de ce conscience-ego, commençons par analyser sa nature et par examiner ses implications dans la condition humaine.

Conscience-ego signifie ego qui se conçoit ou se perçoit lui-même. Sa perception de lui-même s'exprime comme une affirmation de lui-même, comme un « Je » ou, ainsi que nous continuerons à le nommer, comme un « ego ». L'affirmation de soi-même implique l'individuation de soi-même, implique l'ego différencié et discriminé de ce qui n'est pas lui-même — « l'autre », ou de ce qui est sa propre négation « non-Je » ou « non-ego ». Toutefois, l'affirmation de soi-même entraîne une bifurcation du soi.

L'affirmation de soi-même implique un soi qui est à la fois affirmant et affirmé. En tant qu'affirmant, il pose l'acte de son affirmation propre. En tant qu'affirmé, il se présente à lui-même comme un fait existentiel. Ainsi l'affirmation de soi et la conscience de soi qui le font émerger, apparaître, sont à la fois et en même temps un acte par l'ego et un fait présenté à l'ego. Il n'y a pas de priorité chronologique entre l'affirmant ego et l'affirmé ego, pas plus qu'entre l'individuation et la bifurcation. Aussitôt qu'il y a conscience-ego, il y a ego. Aussitôt qu'il y a l'ego, il y a ego-objet et ego-sujet, offert à lui-même tout autant qu'animateur de lui-même. Sujet vivant et actif, il est en même temps objet passif, donné, déterminé et irresponsable. Telles sont la perpétuelle nature et la structure de l'ego dans le conscience-ego. Telle est la situation initiale de l'homme dans l'existence humaine, situation qui peut se caractériser comme subjectivité contingente ou conditionnée.

Une subjectivité conditionnée, bien que conditionnée, n'en est pas moins subjectivité. Le surgissement du conscience-ego marque le surgissement de la subjectivité. L'existence devient humaine précisément à travers la subjectivité. Comme sujet, l'ego est conscient de lui-même et se possède lui-même. En outre, en tant que sujet, il rencontre et reconnaît la subjectivité des autres également conscients d'eux-mêmes et possesseurs d'eux-mêmes. Par là, il peut apprendre à se contrôler, à se discipliner, à s'élever lui-même et à devenir ainsi un individu centré. Toutefois, l'enfant tout petit n'est pas encore un individu. L'idiot n'est jamais complètement un individu, « l'enfant-loup » est à peine un individu, et le psychotique, selon toute apparence, n'en est plus un. Bien plus, l'ego en tant que sujet prend conscience d'un monde et le possède, son monde propre. Et toujours en tant que sujet, par la liberté impartie à sa subjectivité, il peut dominer et transcender en n'importe quel aspect donné ce monde et lui-même. Expression de son inviolable intégrité de sujet-individu, il peut, en fin de compte, résister à ce monde comme à lui-même et leur opposer un « non ».

Encore, en tant que sujet, l'ego peut sortir de lui-même et prendre part à la subjectivité d'autrui par l'amitié, la compassion et l'amour. Toujours en tant que sujet, il peut posséder un langage, manifester un sens, il peut questionner, douter et comprendre, réfléchir, évoluer et juger. Il peut concevoir, fabriquer et user d'instruments, il peut prendre et exécuter des décisions. Il peut travailler, créer en s'exprimant par ou à travers des objets et des activités. En fait, ce n'est qu'en tant que sujet qu'il peut posséder un objet.

C'est ainsi que par subjectivité l'ego détient et peut dominer son monde et lui-même. Il peut par elle, aimer, comprendre, décider, créer, se montrer productif. Telle est la grandeur de l'ego dans le conscience-ego. Telle est la dignité de l'homme dans l'existence humaine.

Mais précisément — et cela fait part de sa grandeur — l'ego réalise que sa subjectivité est contingente, conditionnée. Libre en tant que sujet de transcender tous les aspects objectifs de son monde et de lui-même, l'ego, toutefois, ne possède pas la liberté de transcender la structure sujet-objet en tant que telle. Capable de transcender, il reste lié à ce qu'il transcende. L'ego sujet est à jamais livré à son monde et à lui-même comme objet. Sujet, il anime et possède ce monde. Objet, il est livré à lui-même dans toute sa singularité et sa finitude, portion d'un monde dont il fait lui-même partie. Capable de posséder un objet par sa qualité de sujet, il ne peut être sujet que dans la mesure où il est ou possède un objet.

Objet-dépendant, objet-conditionné, l'ego se trouve aussi objet entravé. Dans cette subjectivité qui le rend conscient et possesseur de lui-même, l'ego est retranché de lui-même. Ego, il ne peut jamais entrer en contact avec lui-même, se connaître, se posséder dans la totale et pure individualité. Toute tentative semblable l'éloigne de lui-même comme un objet à jamais éludant sa propre emprise, ne lui abandonnant qu'un objet simulacre de lui-même. Perpétuellement dérobé à lui-même, l'ego ne se possède qu'en simple objet. Divisé, dissocié dans sa centréité, il est au-delà de sa propre atteinte, entravé, retiré, aliéné à lui-même. Et tel se possédant, il ne se possède pas.

Il en est de sa perception et de sa possession du monde, qui n'est qu'un prolongement de sa perception de lui-même, comme il en est de sa propre perception. La véritable possession n'est qu'une non-possession. Dans la perception et possession du monde par l'ego, le monde est toujours objet. Par réflexion et dans sa subjectivité l'ego peut concevoir le monde comme une totalité où il se trouve inclus. Toutefois, étant donné que l'aspect réfléchi de lui-même inclu dans le monde est un aspect-objet, le monde, de même, sera un objet conçu pour l'ego sujet-concevant. Que ce soit par perception directe ou par conceptualisation, le monde est un objet, dont l'ego, sujet, est laissé lointain, écarté, aliéné.

C'est précisément ceci — la dichotomie de sa structure sujet-objet — qui constitue l'ambiguïté existentielle inhérente à l'ego dans le conscience-ego, son conflit et en fait sa contradiction. Ecartelé et disloqué dans son unité, l'ego est circonscrit par lui-même, mais impuissant à se soutenir ou s'accomplir en lui-même. Isolé, exilé dans sa relativité, il est confiné dans, et cependant exclu d'un monde à qui il appartient, en qui il est compris. Possédant, ne possédant pas, limité à et conditionné par, en même temps qu'exclu et coupé de lui-même et de son monde, l'ego est déchiré par une double fissure, est scindé tant à l'intérieur qu'à l'extérieur de lui-même. Jamais purement sujet dans sa subjectivité, jamais totalement libre dans sa liberté, il n'est fondement et source ni de lui-même, ni de son monde. Possédant l'un et l'autre, mais ni l'un ni l'autre dans la plénitude de la possession. Telle est la condition malheureuse de l'ego dans le conscience-ego. Telle est la détresse de l'homme dans l'existence humaine.

L'expression existentielle de cette condition malheureuse se montre dans la double angoisse de l'ego devant l'obligation de vivre et l'obligation de mourir. L'angoisse devant la vie et l'angoisse devant la mort ne sont que deux expressions d'une seule et fondamentale angoisse de base : l'angoisse devant le surpassement de cette fissure corrosive, de cette contradiction interne qui empêche l'ego d'exister pleinement. L'angoisse devant la vie jaillit de l'obligation de combattre et de résoudre cette contradiction. L'angoisse devant la mort, de voir la vie se terminer avant qu'elle soit résolue.

Ce n'est que dans le conscience-ego, que l'ego, pour pouvoir être, doit affronter l'obligation de se trouver et de s'accomplir. C'est un impératif inhérent à sa condition, qui n'est pas encore présent chez le tout-petit, jamais vraiment présent chez le débile mental, à peine à moitié présent chez l' « enfant-loup », et peut-être totalement aboli chez le psychotique. Mais dans la plénitude naturelle de l'animal, cet impératif est totalement inexistant.

Ce serait un non-sens — en supposant que cela soit possible et qu'un langage articulé ne soit pas précisément une marque du développement du conscience-ego — de demander à un jeune animal, à un chaton par exemple, ce qu'il voudrait devenir une fois grand. Mais un enfant humain est confronté tant à l'extérieur qu'à l'intérieur de lui-même avec ce problème bien précis. Car le simple fait de croître et de mûrir biologiquement, physiologiquement, ne constitue pas en lui-même, la croissance, la maturation et l'accomplissement du destin de l'homme en tant qu'homme. Sans doute la maternité constitue pour la femme un accomplissement bien plus valable que la paternité pour l'homme. Ce qui fait que la réponse d'une petite fille « Je vais être une mère » est considérée comme appropriée, alors que si un petit garçon s'avisait de répondre « Je vais être père », cette réponse serait jugée incongrue et soulèverait une certaine consternation.

Tout en reconnaissant que la signification de ce terme comporte en lui bien plus qu'un simple fait biologique, la maternité n'englobe pas la réalisation finale de la femme en tant qu'être humain. En fait, nul rôle, fonction ou vocation ne peut jamais parvenir à apporter une satisfaction ultime à l'être humain — homme ou femme — en tant qu'être humain. Or l'ego, astreint par sa contradiction interne à trouver un accomplissement, à cause de cette contradiction même, se fourvoie précisément dans une semblable illusion.

Accessible à lui-même — même lorsqu'il considère sa propre subjectivité — sous le seul angle de quelque objet chassé hors de lui-même, l'ego en arrive tout naturellement à confondre « se réaliser » avec « devenir quelque chose ». Dans sa tentative en tant que sujet de faire face à l'obligation de se découvrir lui-même, il prend en considération quelque objet-représentation de lui-même. Par le truchement de cette représentation, il espère parvenir en même temps à s'éprouver lui-même et à obtenir la reconnaissance et l'approbation d'autrui, et s'il ne peut pas obtenir la soumission d'autrui, d'obtenir le contrôle sur lui, ou tout au moins l'indépendance vis-à-vis de lui. Car dans sa double aliénation, l'ego éprouve l'absolue limitation que lui impose la subjectivité d'autrui comme un défi, voire une menace.

Se confiant à la projection de cet objet-représentation de lui-même pour s'affermir et vaincre la menace, l'ego peut être amené à considérer cette représentation finie et bornée comme étant elle-même l'intégrité, le fondement, la source ou le sens ultime qui le soutiendra et qui lui donnera sa pleine mesure. A présent la plus grande part sinon toute sa subjectivité est dévouée, en fait, subordonnée à ou aux éléments nécessaires pour réaliser sa vision — richesse, pouvoir, prestige, masculinité ou féminité, science, perfection morale, créativité artistique, beauté physique, popularité, individualité ou « succès ». Identifié virtuellement à ces éléments l'ego se centre exclusivement sur eux et sur la conception de lui-même qu'ils constituent. Dans cette fixation, dans cet attachement, il devient facilement la proie de cette monumentale illusion qu'est l'égocentrisme. A travers cette perpétuelle dérobade de et à lui-même, l'ego, objet-dépendant et objet-entravé, devient objet-dominé et objet-abusé.

Que l'objet-image envisagé se fasse réalité ou demeure illusoire et idéalisé, l'erreur fondamentale incluse est la même. L'ego dans sa plénitude n'est jamais simplement un quelconque objet-forme de lui-même ou subjectivité réalisée — son corps, son esprit, talents, position, « personnalité », capacité, profession ou vocation, fonction biologique ou sociale, classe, culture, nation ou race. Quelle que soit la grandeur authentique qu'il ait acquise dans le rôle d'époux, d'épouse, parent, dirigeant, savant, artiste, homme ou femme d'affaires ou professionnels, quelque riche que puisse être un tel ego, quelle que soit la maîtrise de lui-même à laquelle il soit parvenu, il ne se possède pas totalement en tant qu'ego et ne s'est pas réalisé dans sa plénitude en tant qu'être humain.

Exprimant sa subjectivité originelle par projection extérieure et par abandon de lui-même à l'amour, la créativité, le dévouement à un idéal ou à une œuvre, il continue à être lié à et à dépendre de l'objet particularisé, élément de cette expression — l'aimé, l'activité artistique, l'idéal, la profession ou le travail. Perpétuellement enchaîné à la condition malheureuse inhérente à sa subjectivité conditionnée, incapable d'être sujet sans objet, il est immédiatement circonscrit et entamé par l'objet. D'où l'ambivalence — dans *eros* ou *philia* — de la secrète ou manifeste hostilité envers l'être aimé. Cette hostilité, tout comme l'orgueil et l'intérêt particulier de l'ego en tant que sujet dans l'amour (ou la moralité ou la créativité) corrompt, souille cet amour (ou moralité ou créativité), et provoque ainsi, durement enracinés dans l'ego, les remords de son impureté, la culpabilité ou, s'il s'agit d'un tempérament religieux, le sens du péché.

L'ego, qui requiert un objet pour être sujet, ne peut parfaire sa réalisation dans ou à travers un objet. Une telle réalisation, bien qu'indéniable, est cependant transitoire, limitée, entachée. En dépit de la richesse authentique de sa subjectivité créatrice, de la réelle abondance des composantes de sa vie, de la vraie grandeur de ses prouesses, de ses succès, l'ego en tant qu'ego reste amoindri, incomplet. Incapable de subsister par lui-même, en lui-même et tourmenté par le sentiment de sa propre indignité, culpabilité ou péché, il aboutit à la mélancolie et connaît des moments décourageants de solitude, de frustration, de désespoir. Intérieurement torturé par l'inquiétude, l'insécurité, ou le mépris, voire la haine de lui-même, il pourra manifester extérieurement un certain nombre de troubles psychologiques ou psychosomatiques.

Cependant, bien souvent l'ego s'arrange pour refréner ces accès d'angoisse et parachèvera sa vie à travers ces conditions mêmes. Malgré cela, il reste sous la menace perpétuelle de voir ce malaise qui couve profondément enfoui en lui, exploser au grand jour dans un accès de terreur et d'angoisse irrépressible. Ce qui se produirait si l'ego ne parvenait plus à écarter, en le rationalisant, son sentiment d'indignité ou de culpabilité. S'il en arrivait à mettre maladivement en doute le pardon divin de son péché, ou encore si les composantes nécessaires au maintien de son objet-représentation sous d'autres rapports se perdaient, se détruisaient, s'avéraient sans profit, à moins qu'elles ne subsistent sous une forme de plus en plus désillusionnante, vaine, ou tout bonnement perdent leur attrait.

Finalement, quelque incident de la vie courante peut amener la réalisation abrupte et traumatisante que non seulement tout contenu n'est qu'éphémère et transitoire, mais qu'il en est ainsi de l'ego lui-même. Vulnérable au possible à la maladie et aux infirmités du corps et de l'esprit aussi bien dans sa jeunesse que dans son âge mûr, il lui faut mourir.

Intellectuellement, l'ego depuis toujours sait la mort inévitable. Toutefois, expérimenter en toute réalité la perspective de son propre anéantissement comme un traumatisme existentiel dilacérant, détruit radicalement pour l'ego l'illusion d'une perfection possible sous la forme d'un objet-représentation quelconque. L'angoisse traumatisante de la mort obligatoire est le témoignage poignant de l'incapacité finale pour tout aspect ou contenu-objet de satisfaire fondamentalement l'être humain en tant qu'être humain (sur le plan absolu). Absorbé totalement et dangereusement dans la double angoisse d'avoir à vivre et à mourir, l'ego est soumis à la torture de la plus cruelle de toutes les indécisions : être ou ne pas être.

Ce doute singulièrement éprouvant pour l'ego, cette incertitude de savoir s'il doit supporter plus longtemps encore cette lutte pour sa réalisation est peut-être la plus profonde expression de sa condition : rien de ce qu'il peut faire ne peut résoudre sa contradiction. Aussi longtemps que l'ego subsistera simplement comme ego, la contradiction qui lui est inhérente subsistera également.

L'ego peut trouver dans la reconnaissance franche et ouverte de sa condition, la force d'assumer ses négativités et de continuer à lutter pour « être ». Cet effort, bien que d'un caractère souvent héroïque, n'en constitue pas pour autant une réalisation positive. Expression affirmative, par son acceptation, son endurance, sa souffrance, d'une subjectivité pleine de signification, l'accomplissement fragmentaire dans le meilleur des cas est latent et escompté plutôt que réalisé. Dans le pire, il se montre une fois de plus illusoire et comporte en ce cas un sujet-illusion.

L'ego oublie qu'en tant qu'objet, il est un fait donné, passif, dont les actes et décisions en tant que sujet ne peuvent le rendre maître. Il tombe dans l'illusion de l'*hybris*. Aveuglé par cette illusion, il ose, bien que plongé dans l'angoisse des catastrophes oppressantes de sa vie, se proclamer « maître de son destin », « capitaine de son âme ».

Cette duperie, la plupart du temps, ne peut se soutenir que par la suppression de toute émotion, chaleur, compassion, amour. Craignant qu'un relâchement quelconque de sa raideur n'amène son effondrement total, ce même ego-vouloir, qui se discipline et se durcit contre ses négativités, en arrive souvent à se faire rigide, friable, inflexible. Alors que c'est précisément cette tension incessante qui le rend précaire et le tient sous la menace constante de se briser et de se rompre, surchargé, sur-responsable, sur-refoulé, il peut d'un seul coup s'abandonner à l'attitude opposée.

Plutôt que d'assumer et de supporter la négativité de sa condition malheureuse, l'ego entreprend d'escamoter, de renier cette négativité. Il tente « d'être » non pas en dépit de mais au mépris de ses limitations comme sujet-conditionné. Maintenu dans les liens de l'objet-dépendance et de l'objet-délimitation, l'ego entreprend de fuir — au lieu de supporter — ses liens tout à la fois par le refus de reconnaître le sérieux de l'objet comme tel, par la lutte pour l'oublier ou par la prétention à le renier.

Ignorant la nature et les composantes de ses actes et décisions, à présent l'ego va se jeter dans un flot d'actions, de projets, de décisions. Soit qu'il se mette en quête de distractions. Soit qu'il agisse dans le seul but d'agir, de décider, de projeter. Dans ce dernier cas, l'ego, qui cherche à réaliser une subjectivité pure, libérée de toutes les contraintes de l'objet, égaré par l'erreur d'une résolution apparente, tombe dans une double illusion. Tout en présupposant que sa subjectivité à l'état pur pourra réduire son aspect objet, il redoute d'être réduit lui-même à l'état d'objet, s'il ne se livre pas en tant que sujet à une perpétuelle activité.

Quelle que soit sa motivation, la subjectivité, dépouillée de l'importance de son contenu objectif, cesse d'être une subjectivité dotée de sens. Elle dégénère rapidement en action sans but autre que de « se maintenir occupée ». Elle se dépense en « bon temps » creux, en impulsivité capricieuse, en affirmation arrogante, en non-conformisme irresponsable, en fantaisies érotiques, en libertinage sans frein. Quoi qu'il en soit, une telle subjectivité se révèle incapable de fournir autre chose qu'un intérêt et une satisfaction de diversion, ou des « excitations » transitoires évanescentes. Ces satisfactions elles-mêmes qu'elle s'octroie, s'affaiblissent aussitôt et l'instant d'après tournent à l'aigreur et à la stérilité. L'ego, dans une frénésie désespérée, est conduit à accroître l'intensité de sa subjectivité supposée. De plus en plus actif, de plus en plus à la recherche de plaisir, de la non-conformité, de plus en plus « débarrassé de tout » et de plus en plus livré aux stupéfiants, à l'alcool et aux perversions sexuelles.

Le processus se révèle pathétiquement vicieux. Incapable d'être supprimé radicalement, l'aspect objet, inhérent à la structure sujet-objet de l'ego, se fait de plus en plus pauvre, indigent, inutile. Cependant que sa subjectivité privée à son tour d'un élément objectif d'une valeur quelconque, devient de plus en plus insignifiante, vide, désordonnée. Oublieux du fait qu'il ne peut jamais être sujet, s'il n'est ou n'a en même temps un objet, l'ego, dans sa tentative de réduire son aspect objet par le truchement d'un abandon irresponsable à sa subjectivité, réussit simplement à se réduire lui-même en système. Acculé dans l'impasse même qu'il avait tenté de fuir, il voit toujours menaçants en face de lui le désespoir et l'abîme béant de son hiatus intérieur. Ils le frustrent et l'arrachent à la plénitude de son propre être.

Après avoir vu échouer ses tentatives successives « d'être », incapable de supporter plus longtemps l'angoisse et le fardeau de ce combat prolongé avec cette impossible tâche, l'ego peut être tenté — voire poussé à — renoncer à tout autre effort. Choisissant virtuellement de « ne pas être » au pouvoir de sa subjectivité, il entreprend d'échapper à son oppression par l'abandon de cette subjectivité. Que ce soit par le truchement d'une idolâtrie religieuse ou profane, par une négative ou cynique indifférence, une soumission d'esclave au conformisme de la masse, une régression psychologique au niveau de dépendance inconsciente de la prime enfance, ou par une complète désintégration psychotique, l'ego va tenter d'échapper à sa condition malheureuse par l'abandon de sa liberté et de sa responsabilité et en même temps de lui-même en tant que sujet.

Pour l'humain en tant qu'humain, c'est-à-dire pour l'ego dans le conscience-ego, cette attitude entraîne elle aussi une double illusion. Si renoncer à sa subjectivité est encore une expression de subjectivité, l'ego en renonçant à être un sujet véritable cesse d'être un ego véritable. Tout abandon de la subjectivité entraîne pour l'ego la diminution, la dégradation, voire la perte de lui-même en tant qu'ego. Dans l'aveuglement de la superstition, dans la servilité de l'idolâtrie, dans le refus nihiliste du sens ou de la valeur de tout acte ou décision, dans l'avilissante conformité à la masse, dans la tentative d'un retour au sein maternel ou dans le refuge et le retrait d'une psychose, l'être humain en tant qu'humain est nié ou même détruit. Il est aussi fallacieux d'abandonner la subjectivité que de s'y abandonner.

Finalement, incapable d'affronter, de supporter ou de fuir sa condition, l'ego, dans le sentiment torturant d'impuissance de son *aporie* vécue, peut en arriver à choisir de « ne pas être » non pas à travers l'abandon de sa subjectivité, mais de lui-même. Submergé par l'angoisse, découragé par l'inviabilité, par l'insolubilité apparente de ses contradictions fondamentales — quelles qu'en soient les manifestations — l'ego entreprend directement sa propre annihilation par le suicide.

Cependant qu'il tâtonne ainsi à la recherche d'une résolution, d'une acceptation, d'une échappatoire ou d'un abandon, toutes les tentatives de l'ego pour s'accommoder de ses contradictions intrinsèques se trouvent, dans le meilleur des cas, sous la menace constante d'un effondrement total, partiel ou fragmentaire, et dans le pire, devant un leurre, une illusion, nihilistes et destructeurs. Ce n'est pas que l'ego choisisse une seule manière d'être à l'exclusion des autres. Dans la réalité de la vie, il en assemble plusieurs ensemble selon divers degrés et prédominances. Toutes, cependant, qu'elles soient positives ou négatives, responsables ou irresponsables, profondes ou superficielles, toutes jaillissent en dernier ressort de l'unique et fondamental désir de l'ego — victime d'une aliénation extérieure et intérieure due à sa contradiction inhérente — de se trouver, de se réaliser, de se connaître en vérité, d'habiter sa réalité, d'être et de se posséder entièrement, lui-même et son monde. Ce désir, cette recherche d'une réalisation constitue la préoccupation primordiale, ultime de l'ego dans le conscience-ego. Cette recherche et cette réalisation constituent le début existentiel et le terme final du Bouddhisme Zen.

Selon la tradition, le Bouddhisme Zen ou Tch'an (1) débuta effectivement en Chine lorsqu'un Chinois angoissé du VIe siècle, Chen-kouang, mécontent de ses savantes et doctes études confucianistes et taoïstes, entendit parler de la présence dans un temple bouddhiste des environs, d'un maître Zen venu des Indes. Il décida de lui rendre visite. Le maître indien, Bodhidharma, assis jambes croisées, face au mur, ne se leva pas pour recevoir le visiteur. Chen-kuang, dans l'obstination d'une angoisse profonde revint à la charge. Finalement au cours d'une nuit de tempête, il resta debout sous la neige jusqu'à ce qu'elle atteignît ses genoux. Touché, Bodhidharma lui demanda le but de sa visite. En larmes, le Chinois supplia le maître indien de bien vouloir dispenser les bienfaits de sa sagesse, afin d'aider les êtres troublés. Bodhidharma lui répliqua que la difficulté de la voie dépassait les forces humaines et comportait des épreuves inaccessibles à qui ne se montrerait pas persévérant et résolu. A ces paroles, Chen-kouang tira son épée et se trancha le bras gauche qu'il déposa devant le maître indien. Alors seulement Bodhidharma l'accepta comme disciple et lui donna le nouveau nom de Houei-k'o (2).

Si l'on se hasarde à vouloir interpréter ce récit — vraisemblablement légendaire — selon ce qu'on appellerait la compréhension symbolique du Zen, on remarquera d'abord ceci : un ego instable et affolé se dirige vers le maître. Le maître attend, lui, qu'un ego en quête d'enseignement vienne à lui. Même en ce cas, il se peut qu'il ne lui accorde pas une reconnaissance immédiate. Apparemment, sa première réponse semblera dédaigneuse, décourageante. Cette inattention apparente, voire ce rejet, n'est toutefois qu'une manière d'éprouver le sérieux de la recherche. Le maître, une fois persuadé du sérieux fondamental de la recherche, reconnaîtra et accueillera aussitôt le chercheur.

C'est cette même impitoyable et implacable impulsion existentielle qui, poussant Chen-kouang à se rendre encore et encore auprès

(1) *Tch'an* est la première syllabe du mot chinois *Tch'an-na* (*Zenna* en japonais), transcription du mot sanscrit *Dhyana*, méthode de « concentration » ou « contemplation ».

(2) Récit tiré du *Ching-te Tch-ouang-ten Lou (Livre de la transmission de la Lampe)*, vol. 3.

de Bodhidharma, à s'exposer à la tempête de neige, et à se trancher le bras, établira symboliquement Houei-k'o comme premier « disciple » Zen.

Troublé et désorienté par sa contradiction interne, peu satisfait de ses études classiques, Houei-k'o se rend chez Bodhidharma, en quête d'un soulagement et d'une solution à son état. Dans cette quête, il se montre prêt à engager son être tout entier.

Quelle que soit l'historicité de cet événement, c'est cette quête fondamentale née de la condition malheureuse propre à l'être humain qui, manifestée devant un maître, constitue le commencement existentiel du Zen. Sans cette quête, quand même bien l'on resterait assis jambes croisées en méditation dans d'innombrables temples Zen, quand même bien s'engagerait-on dans d'innombrables entretiens avec des myriades de maîtres Zen, on n'en serait pas moins disciple Zen que de nom seulement. Car le Zen ne possède pas en lui-même et n'offre pas de contenu objectif réel qu'on puisse étudier à l'instar de ceux de la philosophie, de la religion, de la psychologie, de la culture ou de l'histoire. Le seul matériau solide que nous présente le Bouddhisme Zen, c'est notre propre existence concrète, son incomplétude et sa contradiction et, opposée au simple désir, une recherche authentique de réconciliation et de réalisation. Si ce qui prend nom de Zen ne traite pas et n'entreprend pas de résoudre le devoir existentiel intrinsèque à l'ego dans le conscience-ego, quelle que soit sa prétention à l'orthodoxie, ce n'est pas pour autant un vrai Bouddhisme Zen.

Houei-k'o, une fois admis comme authentique disciple Zen, interrogea Bodhidharma sur la nature de la vérité. Bodhidharma lui déclara qu'elle n'avait pas à être cherchée en dehors de soi-même. Houei-k'o n'en exposa pas moins sa revendication. Son esprit n'est pas en repos, il supplie le maître de le pacifier.

Ici l'on retrouve une confirmation ultérieure que le tourment harcelant de Houei-k'o provient de sa contradiction interne. Le terme chinois *Sin*, rendu par esprit veut signifier à la fois esprit ou cœur, mais dépasse le sens de chacun de ces deux termes pris séparément. La *Psyché* des Grecs ou le *Geist* des Allemands s'en rapprochent un peu plus. Dans la terminologie de cette étude, il peut être pris pour l'ego en tant que sujet. L'ego en tant que sujet, dans la position d'une subjectivité conditionnée, tourmentée par l'angoisse, implore sa pacification.

Bodhidharma avait déjà commencé son instruction. Il avait déclaré que la solution ne se trouvait pas à l'extérieur. Ne comprenant pas encore, épuisé, peut-être désespéré, Houei-k'o insiste encore et implorant Bodhidharma de le soulager, lui expose son tourment.

Quelle sera la réponse de Bodhidharma ? Va-t-il plonger dans le passé lointain de Houei-k'o pour découvrir son histoire personnelle, ses parents, sa prime enfance, le moment où pour la première fois il devint conscient de son trouble, les circonstances qui l'accompagnèrent ? Va-t-il explorer la situation présente, son état civil, ses soucis, ses rêves, ses préférences, ses intérêts ? La seule réplique de Bodhidharma fut : « Produisez devant moi votre esprit et je le pacifierai pour vous. »

Ecartant toutes les particularités de la vie de Houei-k'o, Bodhidharma va droit au cœur même du malheur de la condition humaine. L'ego, saisi dans les griffes de sa propre contradiction et de sa faille interne, qu'il ne peut ni résoudre ni supporter, est sommé de produire non pas ce qu'il pourrait ressentir comme ses problèmes, mais son être même en tant que support malheureux de ces problèmes. « Produisez devant moi cet ego-sujet troublé. » Bodhidharma, et après lui le Zen, ont compris que ce n'est pas l'ego qui a un problème, mais qu'il est, lui, le problème. Produisez celui-là même qui est troublé et vous serez forcément pacifié.

Après avoir débuté sous cette forme avec Bodhidharma, la saisie de la réalité par la méthode Zen se prolongea invariablement selon ce mode. Quelle que soit la forme particulière que revêt sa méthodologie, que ce soit par mots, faits ou gestes ce sera toujours l'assaut direct contre la structure dualiste, contradictoire, sujet-objet de l'ego dans le conscience-ego. Le seul et l'unique but du Zen est demeuré celui de surmonter la division de ce double clivage interne et externe qui écarte l'ego de lui-même et de son monde, pour lui permettre d'être dans la plénitude et de connaître dans la vérité ce qu'ils sont l'un et l'autre.

Après Bodhidharma, la seconde grande figure des annales du Zen fut au VIIe siècle Hui-neng. Un jour qu'un moine lui rendait visite il lui demanda simplement mais explicitement : « Qu'est-ce qui vient là ? » (1). On rapporte qu'il fallut neuf ans au moine Nan-yo avant qu'il puisse répondre (2). Une autre fois, le même Hui-neng demanda : « Quel était votre visage originel avant votre naissance ? » (3). Autrement dit, que se cache-t-il derrière la structure sujet-objet de l'ego dans le conscience-ego.

Lin-chi au IXe siècle, fondateur de l'une des deux plus grandes écoles Zen encore existantes au Japon, où il est connu sous le nom de Rinzai, fit ce prêche énergique : « Dans ce bloc de chair rouge il y a un homme véritable, sans qualification. Il va et vient à travers la porte de vos sens. Si vous ne lui avez pas encore rendu témoignage, regardez, regardez. »

Un moine s'avança et lui demanda : « Quel est cet homme véritable sans nulle qualification ? »

Rinzai descendit de son siège et le saisit à bras-le-corps : « Parle, parle », lui intima-t-il.

Comme le moine hésitait, « Quel bâton de bouse séchée que cet homme véritable sans nulle qualification », dit-il, et sur ce rentra dans sa chambre laissant le moine ruminer la chose (4).

Afin d'aider l'ego à s'éveiller à la connaissance de « cet homme véritable sans nulle qualification », autrement dit pour l'aider à parfaire son être et à se connaître dans sa vérité, il se forma auprès de certains maîtres Zen — particulièrement dans l'école Rinzai ou Lin-chi — une méthode connue en japonais sous le nom de *koan* (5). Cette méthode se développa particulièrement aux XIe et XIIe siècles. C'était le moment où le Bouddhisme Zen ou Tch'an jouissait d'une large renommée à travers la Chine et attirait tous ceux que tourmentait leur inextricable difficulté existentielle. Sans nul doute, les premiers maîtres auraient répondu par la même affectation d'indifférence que Bodhidharma, mais les maîtres qui leur succédèrent, animés par le charitable désir d'aider les chercheurs, se mirent à user du koan pour faciliter leur entrée en rapport avec le postulant.

Ce furent les maîtres chinois de l'époque Song qui, les premiers,

(1) *Wou-teng Houei-yüan (A Composite of the Five Lamps)*, vol. 3.
(2) *Ibid.*
(3) *Shūmon Kattō Shū (A Collection of « Zen Complications »).*
(4) D. T. Suzuki, *Living by Zen* (Tokyo, Sanseido, 1949), p. 23.
(5) En chinois *Kung-an*, c'est-à-dire document public, testament.

employèrent systématiquement cette méthode. A une certaine occasion Ta-kouei, maître du XIIe siècle, parla comme suit :

« D'où naissons-nous ? Vers où allons-nous ? C'est à juste titre qu'on appelle bouddhiste celui qui connaît ce « d'où ? et ce vers où ? ». Mais quel est celui-là qui traverse cette « naissance-et-mort » ? Et quel est donc celui-là qui ne connaît rien de ce « d'où et vers où de la vie ? » Et quel est donc celui-là qui soudain perçoit ce d'où et vers où de la vie » ? Et encore, quel est donc celui-là qui face à ce koan ne peut y fixer les yeux, et ne pouvant le comprendre, sent tout son être intérieur jeté dans le désordre comme un qui aurait avalé une boule de feu qu'il ne pourrait aussitôt rejeter ? Si vous désirez connaître celui-là, saisissez-le là où il ne peut être appréhendé par les filets de la raison. Et tel, quand vous l'aurez appréhendé, vous saurez qu'en fin de compte il transcende l'intrusion de naissance-et-mort » (1).

Le but dernier reste le même : connaître et saisir celui qui se tient hors d'atteinte des « filets de la raison ». C'est-à-dire, au-delà de la structure sujet-objet de l'intellection. Pour y parvenir, le koan, sorte de problème, question, défi ou sommation, présenté par le maître, joue un double rôle. Le premier est de pénétrer dans la profondeur de l'être et de ranimer à sa source même cette préoccupation fondamentale de l'ego dans le conscience-ego, profondément ensevelie et fallacieusement dissimulée. Quant au second, il consiste, après avoir stimulé ce désir ardent et cette quête, à les maintenir dans l'orientation correcte. Car il ne suffit pas d'avoir suscité ce désir et cette quête, il faut encore les guider et même les stimuler avec grands soins pour leur éviter les nombreux pièges qui pourraient les affaiblir et les égarer.

Au début du Zen, pendant sa phase primitive ou pré-koan, le postulant se présentait mû par l'impulsion d'une expérience vitale personnelle ébranlée par un doute existentiel oppressant. Toutefois, il arrivait que la nature de cette « question » n'avait pas été éprouvée jusqu'au plus intime de ses profondeurs. Tout en étant spontanée, elle n'était ni saisie à la source même de son origine, ni perçue dans sa vraie nature. Aussi, n'ayant pas reçu sa forme adéquate, elle

(1) D. T. SUZUKI, *Living by Zen*, pp. 171-172.

risquait de s'estomper ou de se déformer. Malgré leur intensité et leur gravité authentiques, désir et quête n'en restaient pas moins aveugles, amorphes, imprécis. Ils réclamaient un fondement, une mise au point correcte.

Quand le maître, à ce moment-là, au cours d'une entrevue avec son disciple lui adressait une sorte de mise en demeure, ou une question percutante telle que : « Produisez votre esprit devant moi ! » « Quel était votre visage avant votre naissance ? » « Qu'est cela qui vient vers moi ? » « Une fois mort, brûlé et vos cendres dispersées, où serez-vous ? » Ou bien tout simplement « Parlez ! Parlez ! », l'effet recherché était de montrer au disciple l'orientation correcte, de le mettre sur la voie à suivre. Cependant ces questions, ces mises en demeure n'étaient pas appelées koan. Ces échanges entre maîtres et disciples, spontanés et imprévus, étaient appelés *mondō* (*wen-ta* en chinois), littéralement « question et réponse ». Comme ces échanges ou *mondō* aiguillonnaient, affermissaient ou orientaient la préoccupation essentielle de l'ego, nombre d'entre eux furent employés par la suite comme koan ou comme bases de koan.

Le koan, dans sa double fonction, peut donc être considéré comme une tentative consciente et calculée pour obtenir un résultat jadis obtenu spontanément, sans stratagème. Réciproquement, on pourrait affirmer, sans tenir compte de la terminologie technique du Zen ou de ses distinctions, que les premiers disciples possédaient en eux-mêmes un koan naturel. Naturel, dans le sens que les disciples possédaient en eux une matière embrasée qui ne demandait qu'à être mise en forme et orientée correctement. Dans une période plus tardive, les postulants se présentaient au maître tantôt avec une question inadéquate, tantôt sans la ferveur d'un attachement vraiment existentiel pour l'absolu de ce contenu dévorant. Le maître, alors, pour susciter l'un et l'autre, commençait par présenter au disciple une « question » qui lui était extérieure. Le koan était ainsi complètement « donné » au lieu d'être en partie spontané. Mais il faut insister sur ce fait : aussi longtemps que la « question » ou « koan » restait extérieure ou donnée, tout effort n'était que futilité. Il n'y avait pas de Zen. Toutefois, dans son caractère et sa structure comme dans son application et son usage, le koan est subtilement agencé pour mettre à l'abri de ce danger. De par sa nature même, le koan ne permet absolument pas qu'on le fasse entrer dans un quelconque système dualiste de la structure sujet-objet de l'ego dans le conscience-ego. Il ne peut avoir même un sens quelconque, encore moins « être résolu » ou satisfait tant qu'il reste un objet extérieur à l'ego en tant que sujet. L'un des koans le plus communément donné en premier lieu, le « *Mu* », en chinois « *Wu* », illustre cela d'une manière frappante.

La base de ce koan, comme de bon nombre d'autres, est tirée d'un ancien *mondō*. On avait demandé un jour à Tchao-tchou (en japonais Joshu), maître chinois du IXe siècle, si le chien avait la nature de Bouddha, et le maître avait répondu « *Mu !* ». Littéralement « *Mu* » signifie « non », mais formellement, en tant que koan, cette réponse d'une syllabe sort des frontières étroites de la question primitive. Elle est offerte au disciple pour qu'il « voie » ou « devienne ». Le koan est : voyez « *Mu!* », devenez « *Mu!* ». C'est évidemment dépourvu de tout sens et ne peut en aucune manière être appréhendé, traité ou réalisé dans le cadre d'un quelconque dualisme sujet-objet.

De même, lorsque le koan est tiré d'un de ces *mondō* cités plus haut : « Quel était votre visage avant votre naissance ? » ou celui que préférait au « *Mu !* » Hakuin, maître japonais du XVIIIe siècle, « Ecoutez le son d'une seule main ! », car il contient un certain élément noétique, ces problèmes ne peuvent être ni résolus ni affrontés et sont, en effet, dépourvus de sens dans le contexte de la structure sujet-objet du conscience-ego, de son intellection, de sa logique.

Quel que soit l'élément noétique que le *koan* pourrait en réalité inclure en lui, il est impossible d'arriver à sa « résolution » ou « compréhension » si l'ego comme sujet, épistémologique ou autre, l'aborde comme objet-question ou objet-problème.

Que ce soit « *Mu !* » le « son d'une seule main » ou le « où serez-vous après la crémation ? », le koan, naturel ou donné, n'offre rien de tangible, rien qu'on puisse saisir ou posséder en tant qu'objet. Le disciple tenterait-il de le faire que, sous l'attentive et alerte surveillance du maître, sa tentative serait promptement déjouée et la « solution » supposée, repoussée sans compromis.

Parfois cependant quelque aspect objectif de forme ou de contenu peut subsister dans la solution d'un koan particulier acceptée par le maître. Par exemple, dans le système du koan, tel qu'il s'est développé au Japon. Mais pour l'éliminer, pour élargir et approfondir sa réalisation encore limitée, le disciple reçoit un nouveau koan, puis un autre, encore et encore. Mal appliqué, ce système de koan trouve en lui son propre obstacle et finit par succomber au danger même qu'il était supposé écarter.

Le seul contenu valable d'un koan est l'ego en lutte avec lui-même. La quête authentique de sa « solution » est la quête de la réconciliation et de la réalisation de l'ego déchiré et divisé. Si l'on considère l'origine d'un koan, il est lui-même une expression de cette réalisation. La vraie lutte avec le koan, que le disciple en soit conscient dès le début ou non, n'est autre que la lutte pour se réaliser lui-même. Que le koan soit donné ou non, si l'ego entreprend de le résoudre comme un sujet qui veut traiter ce problème comme un objet, son effort restera obligatoirement décevant et inutile. Car, nous l'avons déjà vu, c'est précisément cette dichotomie sujet-objet qui forme le problème de l'ego.

Toutefois le Zen n'a jamais tenté d'expliquer cette méthode intellectuellement et analytiquement comme j'ai tenté de le faire.

Le Zen préfère, au cours d'un *mondō* ou au moyen d'un koan naturel ou donné, frapper directement et résolument l'ego, par des mises en demeure et des sommations que l'ego, pris dans sa disjonction sujet-objet, est incapable d'affronter. Ces assauts, aidés par des expressions de réalisations obtenues manifestées par mot, acte ou geste constituent la méthode tout à fait particulière employée par le Zen pour affirmer d'une manière concrète — et pour tenter de faire comprendre à l'ego — que en aucun cas l'ego ne pourra se compléter lui-même en lui-même, qu'il ne pourra, en fonction de sa structure sujet-objet, résoudre la contradiction qui est cette structure sujet-objet elle-même.

Ainsi, le but premier du Zen est de faire surgir et de stimuler ce qu'en terme Zen on appelle le « grand doute » (1), et cela d'une manière non pas simplement noétique, mais affective tout aussi bien que physique, et de faire en sorte que l'ego lui-même devienne totalement, existentiellement le « grand bloc de doute » (2). Tant

(1) *Tai-i*, en chinois ; *daigi* ou *taigi* en japonais.
(2) *Tai-i-touan* en chinois ; en japonais *daigidan*, *taigidan*.

que l'ego ne devient pas lui-même effectivement ce « grand bloc de doute », on ne peut dire qu'il est parvenu au « grand doute ». Pour atteindre ce but secondaire aussi bien que le but final, le koan fut associé avec la pratique déjà existante — en méthodologie Zen — de la position assise, jambes croisées, dans l'attitude d'une « concentration prolongée » en japonais *zazen* (1). Cette discipline qui consiste à rester assis dans une sorte de « contemplation » ou « méditation » les jambes croisées, un pied appuyé sur la cuisse opposée, la colonne vertébrale droite et les mains devant soi reposant l'une sur l'autre, était pratiquée aux Indes bien longtemps avant le Bouddhisme. C'est dans cette position que Sakyamouni est supposé être parvenu à sa propre réalisation et dans cette position toujours, que Bodhidharma se trouvait, dit-on, au moment des visites de Houei-k'o. Mais un siècle plus tard, Houei-neng se dressa contre ce qu'il considérait comme devenu une corruption purement formaliste et quiétiste de cette pratique. De fait, immédiatement après lui, on ne le mentionne plus que rarement, on considère toutefois que moines et disciples de cette époque s'y adonnaient de temps à autre.

Dans le cas d'un koan naturel, la dynamique interne de cette « concentration » jaillit du trouble intérieur du disciple lui-même. L'orientation et la polarisation de ses efforts ont de plus grandes chances d'être bien celles-là indiquées par le maître au cours de leur dernière entrevue. Il semble très vraisemblable que le disciple emportera le résultat d'une telle rencontre dans la salle de méditation (2) pour y pratiquer sur lui son *zazen*.

Quand il s'agit d'un koan formel ou donné, l'ego n'est pas encore en proie à la même obligation impérieuse de travail. Il manquera souvent du pouvoir de « concentration » nécessaire pour « attaquer » le koan. C'est pourquoi, parallèlement au koan et au zazen naquit spécialement au Japon, dans l'école Lin-chi ou Rinzai, ce qu'on appelle en japonais le *sesshin* (3) et *sanzen* (4).

Une semaine par mois, et cela six ou huit fois l'an, cela dépend

(1) *Tso-ch'an*, littéralement *s'asseoir en dhyana*, ou mieux « s'asseoir en Zen ».
(2) En chinois *Tch'ab-t'ang* ; en japonais *Zendo*, littéralement « Salle du Zen ».
(3) En chinois *che* (parfois *Tsie*) *-sin*, littéralement concentration de l'esprit.
(4) En chinois *Ts'an-Tch'an*, « mener la quête du Zen ».

du monastère, est consacrée entièrement par le moine ou le disciple au zazen et à son koan. Levé généralement à 3 heures du matin, le moine ou le disciple poursuit le zazen jusqu'à 10 heures du soir, ou plus tard même. Ce laps de temps est entrecoupé de légers travaux de chœur, chants des sutras, repas, une lecture ou un entretien avec le maître et de brefs repos, qui peuvent être supprimés. Cela pendant sept jours consécutifs. Cette période est appelée *sesshin* et les visites — spontanées ou obligatoires — dont le nombre varie de deux à cinq, *sanzen* (1).

Sous l'effet stimulant d'un tel régime, dans son atmosphère tendue et grave, le koan proposé peut commencer à produire son effet. Le disciple, stimulé par le bâton du moine principal lorsque la somnolence l'envahit, que l'effort se relâche, que la roideur et la fatigue apparaissent, éperonné, inspiré, aiguillonné ou même contraint, se trouve de plus en plus enchaîné à son koan. Chacune de ses réponses rejetée, il se trouve de plus en plus ébranlé, incertain, si grandes qu'aient été son assurance, sa confiance en lui. Le disciple, qui a de moins en moins de réponses à offrir, et qui n'en est pas moins pressé par l'exigence inlassable d'une « réponse », en lutte avec son koan et incapable en tant que « quelqu'un » de résoudre ce problème en tant que « quelque chose », parvient au degré même de frustration et de désespoir qui est celui de l'ego dans la quête naturelle de son accomplissement.

L'incapacité de l'ego en tant que sujet de résoudre un koan en tant qu'objet est l'incapacité même qu'éprouve l'ego placé en tant qu'ego devant la bifurcation sujet-objet, de résoudre la contradiction existentielle représentée par cette bifurcation. A présent pour le disciple, le koan donné est devenu la « question » véritable ou l'impasse de l'ego lui-même et le combat pour sa « solution » est ce même combat à la vie et à la mort tout aussi déchirant que mène l'ego. Ainsi donc, le koan devient dans l'existence du disciple une crise vitale traversée comme la préoccupation essentielle, exclusive de son être tout entier. Son affrontement est en effet l'affrontement de sa propre condition malheureuse dans son urgence immédiate et

(1) Ceci n'en est qu'un résumé succinct et ne rend pas compte de distinctions techniques plus subtiles.

brûlante. Incapable d'y faire face il ressent « véritablement tout son intérieur bouleversé comme s'il avait avalé une boule de feu, qu'il n'avait pu rejeter aussitôt ».

Ceci explique la raison pour laquelle le moine ou le disciple, tant qu'il n'a pas encore atteint une « détermination », refuse très souvent de voir le maître, et aussi pourquoi lors des visites obligatoires du sanzen, de temps à autre il arrive qu'il faille battre, pousser, tirer le disciple hors de la « salle de méditation », ou comme on en fut un jour témoin, l'en faire sortir traîné par quatre moines pour le conduire de force à l'entrevue avec le maître.

L'obstination du maître à exiger la résolution du koan ne dérive en aucune manière d'une autorité extérieure, étrangère au disciple. Tout au contraire, un maître authentique incarne en lui l'accomplissement ultime de cet ego déchiré, et son exigence à obtenir la résolution du koan est en réalité la tension impérieuse de l'ego lui-même embrasé du désir et lancé à la conquête de sa propre réalisation. Le refus de voir le maître provient de l'incapacité éprouvée par l'ego encore dans toute son imperfection et sa détresse poignante, de se voir réfléchi dans le miroir éloquent de sa propre perfection réalisée en la personne du maître. S'en tenir à l'écart lui vaudra tout au moins un répit temporaire : il n'aura pas à affronter immédiatement avec une franchise totale, sans compromission, l'urgence de son conflit intérieur qui réclame l'allégement et l'apaisement. Durant nombre d'audiences précédentes l'ego, après avoir vu toutes ses tentatives, tous ses efforts de résolution parce que fragmentaires, partiels, illusoires ou trompeurs esquivés et rejetés, lutte à présent pour se dissimuler, pour éviter non seulement la gêne de se voir découvert dans un dénuement partiel, mais aussi le tourment de se voir par la suite entièrement exposé au grand jour dans la totalité de son dénuement. Pour l'ego, la menace de se voir exposé ainsi dans le dénuement absolu d'une contradiction fondamentale mise à jour pourrait être une menace contre son existence même. Menace qui entraîne avec elle la terrifiante possibilité de la folie ou de la mort.

Selon une métaphore plus proprement Zen, après s'être vu nu et privé du fonctionnement de chacun des aspects et parties de lui-même, l'ego est laissé suspendu par les dents à une branche surplombant un précipice. Accroché à ce dernier vestige de lui-même, il lui paraît, bien que dans une situation presque intolérable, pouvoir se préserver encore. Tout au moins pour l'instant. Pour l'ego, placé sous de telles auspices, être forcé en toute vérité de s'affronter lui-même en la personne du maître et en recevoir l'impérieux commandement « Parle » et « Parle vite », peut lui paraître une épreuve insurmontable. Surtout après avoir compris que s'il tentait jamais de ne pas répondre, de se tenir coi devant le maître, l'usage même de ses dents pourrait bien lui être refusé. L'ego pressent qu'en dernier ressort il lui faudra y passer de toute nécessité, mais pour l'instant il s'en trouve incapable.

Ce n'est pas que le rejet ou le refus du maître soit jamais pure négation nihiliste. Ce qui est méthodiquement, impitoyablement rejeté est tout ce que l'ego est susceptible, en tant que sujet, d'agripper ou de traiter en tant qu'objet. Cela exclut aussi tout contenu d'expérience qui permettrait ou permet une réalisation restreinte, limitée. Car aussi longtemps que l'ego en tant que sujet persiste à être ou à s'accrocher à un objet, sa contradiction interne, sa condition malheureuse persiste également. Le but poursuivi est donc d'écarter tout constituant-objet accessible, y compris le corps lui-même. Ceci pour aboutir au résultat final de dénuder et d'exposer ainsi dans sa nudité la structure sujet-objet de l'ego en tant que tel. Sans objet, l'ego, incapable d'être sujet, se voit inviable. Le Zen veut amener l'ego à ce moment crucial et arrivé là il ordonne — pour employer les termes d'un maître contemporain : « Sans user de votre bouche, sans user de votre esprit, sans user de votre corps, exprimez-vous. »

Réduit à cette extrémité, la quête et la lutte du disciple commencent à changer de nature. Son zazen — indubitablement luttant avec et se concentrant sur un koan en tant qu'objet, naturel ou donné — s'arrache de ce koan objectifié comme de tout autre contenu et devient lui-même sans objet. Ceci n'est que la culmination d'un processus entamé à l'instant même où le koan a commencé à produire son effet, à pénétrer l'univers intérieur du disciple, pour finir par imprégner son être tout entier. De moins en moins extérieur, il est de moins en moins accessible à la contemplation ou à la méditation normale. Dépouillé finalement de tout aspect objectif concevable, il persiste cependant, irrésolu et inapaisé et avec lui persiste l'inexorable exhortation du maître — celle de l'ego lui-même — à l'apaisement, à la résolution.

Il en va de l'ego comme du koan. L'ego, enfermé dans une impasse existentielle dont il ne peut s'accommoder et qu'il ne peut ni supporter, ni abandonner, ni esquiver, se trouve incapable d'avancer, de reculer ou de s'immobiliser. Il n'en demeure pas moins soumis à l'injonction pressante d'avoir à se mouvoir et à se résoudre. Totalement et systématiquement dépouillé, privé de l'usage de tous ses pouvoirs, contenus, ressources, compétences, il n'en doit pas moins affronter le commandement impérieux du maître, d'avoir à se manifester et à s'exprimer. Dans ce cul-de-sac apparent, l'ego traverse l'angoisse extrême de la vanité de tout et du désarroi total qui, en des circonstances ordinaires, le conduirait au suicide. Toutefois, dans la position du Zen, jamais cette angoisse, cette détresse n'arrive à être submergée sous une aussi totale négativité désespérée.

A la différence d'un ego dans l'état présuicidaire, le disciple d'un véritable maître a devant lui la vivante assurance d'une résolution possible de son problème. Le maître est l'expression de l'amour authentique et de la compassion d'une réconciliation ultime. Non seulement à travers cet amour, il soutient et supporte le disciple, mais l'encourage et le rassure existentiellement par le simple fait qu'il est. D'une manière ou l'autre, le disciple ressent le maître comme étant lui-même et bien plus lui-même que lui-même. Il sent que le maître autant que le disciple supporte l'épreuve en cours avec ses souffrances et ses détresses. Ainsi le maître représente pour le disciple l'autorité, l'affirmation, l'amour de sa propre existence totalement accomplie.

D'autre part, pour le maître aussi, le disciple représente le maître lui-même, bien qu'étant un autre qu'il lui faut, en dépit de son amour et de sa compassion, plonger dans l'abîme torturant de son extrême contradiction interne mise à vif. Le maître est obligé de débrider et de sonder jusqu'en son cœur la blessure, car elle ne pourra être guérie qu'après avoir été entièrement découverte et réalisée existentiellement.

La souffrance et l'angoisse de l'ego, dans son abattement affirmé, ne dérivent pas comme telle de la blessure elle-même, mais de l'ego comme porteur de cette blessure. Tout contenu objectif lui est refusé de l'extérieur. Et de l'intérieur, l'ego, qui n'est pas encore non-subjectif, ni encore authentiquement non-objectif, continue à se maintenir. Cependant, une fois que l'ego s'est fait contradiction fondamentale à l'état brut, cette contradiction se maintient par elle-même, et la négativité de l'ego, extérieure ou simplement ressentie, est dépassée.

L'objectif préliminaire sera donc pour l'ego d'en arriver à devenir, aussi bien physiquement que psychiquement, cette contradiction radicale « ou grand bloc de doute ». « Ce grand bloc de doute » n'est autre que la condition malheureuse intrinsèque de l'ego dans le conscience-ego porté au maximum de l'intensité. Le dessein initial du koan — et de la méthodologie du *zazen, sesshin et sanzen* qui l'accompagnent — est d'amener l'ego à éveiller, à cristalliser, à mettre en pleine évidence, pour ainsi, bien mieux qu'endurer, devenir totalement et authentiquement cette contradiction vivante qui est la vérité de l'ego.

L'ego, pour être sincère avec lui-même en tant qu'ego, doit se développer et réaliser sa limite ultime. Non pas en fonction de ses échecs extérieurs et de ses incapacités, mais en fonction de sa structure interne antinomique. Comme sujet toujours orienté vers l'objet, pour un ego qui veut atteindre cette réalisation, il est nécessaire que tout ce qui offre matière possible à sa nature objectivante soit épuisé, aboli. Incapable en tant que sujet de pousser plus avant son effort pour atteindre un objet extérieur à lui-même, l'ego peut alors subir une métamorphose qui ne soit pas une simple volte-face du sujet retourné sur lui-même en tant qu'objet d'introspection, mais la transformation irréversible de l'ego en cette fondamentale contradiction qui lui est inhérente. Cette transformation radicale atteinte, l'ego en arrivera finalement à se faire non-objet non-sujet. Noyau de contradiction resserré sur lui-même, le conscience-ego se freine et se contrôle. Sa subjectivité fluante et conditionnée a disparu. Sans objectivité ni subjectivité, il n'est plus désormais qu'un seul bloc existentiel, total et massif.

Toutefois, ce n'est plus le préego-conscience du tout-petit, ni le conscience-ego avorté de l'idiot. Ni celui retardé, de « l'enfant-loup » ou détérioré, du psychopathe. Ce n'est pas non plus le conscience-ego muet de l'anesthésié. Ni celui léthargique, de la stupeur ou paisible, du sommeil sans rêves. Ni celui suspendu, de la transe ou inerte, du coma. C'est le conscience-ego devenu sa propre contradiction, radicale et fixée en elle-même. Il n'est ni vacant, ni muet. Il ne se dissout, ni ne se supprime. Bloqué, resserré, dépourvu de toute discrimination entre sujet et objet, étant lui-même et ne l'étant pas tout à la fois, le conscient-ego est loin d'être inerte ou sans vie, mais en fait extrêmement éveillé. En outre, comme l'ego n'est pas encore résolu, son combat, sa lutte continue, mais ce n'est plus l'ego en tant qu'ego. C'est l'ego devenu le koan. Et tous deux ensemble sont devenus lutte et « concentration », « grand bloc de doute », contradiction fondamentale, et tous deux non-sujets et non-objets.

Voici l'ego bel et bien tari en tant qu'ego. Il n'est plus ni sujet ni objet, et dorénavant incapable de lutte ou d'un effort quelconque. Contrairement au stade présuicidaire, sans recours, en apparence seulement, ceci est le désespoir existentiel accompli où le suicide même devient impossible. Car aussi longtemps que l'ego est capable d'accomplir un acte en tant que sujet, fût-ce sa propre annihilation, il n'est pas sans recours.

Et de même, c'est l'ego, dans l'authenticité et l'acuité de sa contradiction fondamentale, qui constitue le vrai dilemme, la vraie impasse et le « cul-de-sac » (1), le nihilisme de la non-valeur et du non-sens absolus, la vraie *aporia* du « Pas de sortie ». C'est la condition malheureuse de l'ego écorché, tout voile et tout tégument déchirés, arrachés absolument et définitivement. C'est la négativité ultime elle-même.

Toutefois, cette négativité ultime, antécédent qui n'est pas négatif mais nécessaire, ne constitue ni la résolution, ni l'accomplissement de l'ego, mais sa précondition.

Le but final n'est pas de devenir un « grand bloc de doute » ou la contradiction fondamentale de sa racine même. L'ego n'est plus dans sa contradiction sujet-objet et en tant qu'il était expression de cette contradiction, se trouve amoindri, paralysé. L'ego, non-sujet, non-objet, est négation de tout lien, de toute entrave. Sujet et objet, dans une telle négativité, voient leur polarité dualiste opposée. Ils

(1) En français dans le texte.

s'entravent mutuellement dans un resserrement sur eux-mêmes fixe et sans recours. Mais il ne suffit pas d'être ainsi une négativité sans sujet, sans objet, de n'avoir ni corps ni esprit. Sans corps, sans bouche, sans esprit, il faut qu'il y ait expression. Le « grand bloc de doute », la contradiction fondamentale persiste, qu'il faut briser et résoudre définitivement.

Ce n'est qu'à l'instant où cet état critique de « grand bloc de doute » est totalement atteint, qu'il peut être ébranlé dans ses fondements. C'est à ce moment précis de la plus intense et de la plus fragile tension que le moindre événement fortuit de la vie quotidienne, le moindre mot, fait ou geste du maître peuvent déclencher soudain un soulèvement volcanique fondamental et révolutionnaire qui, dans une explosion tout à la fois éclatement et percée, brise cette contradiction qui est « le grand bloc de doute ». L'ego, dans le conscience-ego, est à la fois acte et fait, tels le seront aussi son éclatement et sa résolution. Mais ce ne sera plus, à présent, un fait relatif, ni un acte posé par l'ego en tant qu'ego. Car, dans cette contradiction fondamentale vécue en « grand bloc de doute », le conscience-ego avait déjà été transcendé. Bien qu'il ne s'agisse là que d'une absence de discrimination entre sujet et objet, soi et non-soi, purement négative, en qualité de « grand bloc de doute », cet état englobe le royaume de l'être tout entier, incluant la distinction même entre l'être et non-être. Contradiction fondamentale dans sa racine, c'est l'abîme de l'être ou mieux l'abîme de l'antinomie entre l'être et le non-être, l'existence et la non-existence. Mais tout en étant d'une manière négative contradiction et abîme, c'est ce même noyau fondamental qui est, d'une manière positive, sol et source.

Considéré à partir de l'ego, ce noyau est l'extrémité ultime, la limite dernière, le centre le plus interne de cette contradiction qu'est en lui-même le conscient-ego. Réalisé comme centre, l'ego est épuisé mais pas encore entièrement consommé. Aussi longtemps qu'en fonction de lui-même il reste ce noyau radical, bien qu'épuisé, il persiste négativement en tant que limite radicale, barrière radicale, entrave radicale. Et comme tel, l'ego n'est que « mort en apparence ». Mais au moment de son explosion, ce noyau radical se déracine et fait une volte-face totale, l'ego meurt véritablement de la « grande mort » (1) qui est immédiatement « la grande naissance », « le grand réveil » (2).

Cette « grande mort », c'est l'ego mourant à lui-même dans sa grande négativité radicale. En aucun sens il ne s'agit là d'une pure destruction nihiliste dans le vide creux du néant. Au contraire, le déracinement soudain, ce renversement, est l'éclatement et la dissolution de la contradiction, de l'abîme, de l'*aporia*. Annihilation de l'ultime négativité, cette « grande mort » est positive. Cette dissolution négative de l'ego est en même temps une résolution positive. L'ego nié comme ego dans le centre contradictoire du conscience-ego, à travers cette négation atteint positivement sa résolution et son accomplissement. En mourant à lui-même comme ego il renaît et s'éveille à Soi-même comme Soi.

Il faut souligner, une fois de plus, que cette contradiction fondamentale n'est pas quelque postulat ontologique ou métaphysique. Il s'agit de la plus brûlante et pressante réalité. Brisé complètement, dissout en tant que noyau de contradiction fondamentale, l'ego, avec soudaineté, obtient sa réconciliation et sa complétude. Cette limite extrême de restrictions et d'entraves est à présent source primordiale, base ultime d'un fonctionnement libre. Dorénavant libéré de sa fixation dans la contradiction fondamentale du conscience-ego primitif, l'ego est centré à la source même du Soi. Limite radicale, l'ego bouleversé par une volte-face sur lui-même devient source radicale, fondement radical. Ce déracinement, cette révolution, par, de, et à la base même du noyau radical, est appelé en Zen *satori* (3).

Le brisement, la dissolution *satori* de l'ego épuisé et figé à la racine même de sa contradiction-racine, est l'éveil à l'enracinement de l'ego dans le fondement et à la source du Soi. L'éveil au Soi-même est aussi l'éveil de Soi-même. Dans la perspective de l'ego du conscience-ego dans son centre contradictoire « grand bloc de doute », cette désintégration totale, cette mort de l'ego, est son réveil, son irruption dans le Soi-même. Mais dans la perspective opposée, cet éveil et cette irruption dans le Soi-même sont l'éveil et l'ouverture

(1) *Ta-ssu;* en japonais *taishi.*
(2) *Ta-wou;* en japonais *taigo* ou *daigo.*
(3) En chinois *wou,* littéralement éveil, compréhension.

de Soi-même. C'est véritablement le Soi-réveil : ce qui s'éveille, ce par qui et ce à quoi l'on s'éveille, est ce qui est éveillé. Acte aussi bien que fait, c'est tout à la fois Soi-même le fondement, la source et racine, l'antécédent de l'acte et du fait.

Comme fondement et source, ni dynamique ni statique, ce n'est pas pour autant une identité morte, une universalité ou unicité confuse et abstraite. Ni une simple non-dualité ou « fausse identité » (1). Tout en étant Soi-même fondement, source et antécédent de l'état dynamique et statique, jamais il ne reste en Soi-même, mais suscite éternellement une expression de Soi-même. L'ego, en effet, une fois éveillé à Soi-même, réalise que cette subjectivité, même dans sa contradiction dualiste, qui est son état propre en tant que sujet, procède finalement du Soi. Et de même c'est le Soi encore qui est la force jaillissante du désir de l'ego du dépassement de son aliénation et de sa recherche d'une résolution par son accomplissement. Séparé du Soi-même, il désire et cherche le retour au Soi-même. L'ego, dans sa contradiction dualiste de la possession et non-possession de lui-même et de son monde, est en fait dans l'état de possession et de non-possession de Soi-même.

L'ego en tant que sujet, dans le conscience-ego initial, se trouve séparé de lui, d'autrui et du monde en tant qu'objet, mais en outre en tant qu'ego se trouve retranché de son propre fondement et de sa propre source. Son individualité, parce qu'elle est morcellement à l'intérieur et à l'extérieur d'elle-même, n'a pas d'enracinement possible. Elle est donc inviolable. Semblable individualité aliénée à l'intérieur, dissociée à l'extérieur, étrangère à sa propre origine, ne peut jamais se connaître ni s'affirmer authentiquement, car elle n'existe, ni ne se possède authentiquement. C'est en tant qu'ego mourant à lui-même et s'éveillant à Soi-même, en tant que Soi qu'il devient une individualité authentique et autonome, qui pour la première fois se réalise. Après avoir cessé d'être un simple ego, il devient ce qu'on pourrait désigner comme Soi-ego ou ego-Soi.

La condition malheureuse inhérente à la structure dualiste sujet-objet, qui est contradiction existentielle de l'ego dans le conscience-ego, se résoudra définitivement lorsque cette vivante contradiction

(1) *O-ping-teng ;* en japonais *akubyodo.*

fondamentale éclatera, s'annihilera et mourra d'elle-même, totalement, pour se réveiller résolution et accomplissement dans le Soi-même et en tant que Soi-même, comme Soi-ego. Soi-même comme Soi, devenu son propre fondement en tant qu'ego est libéré enfin de cette faille dualiste intérieure ou extérieure. Il ne lutte plus à présent pour « être » du fond d'une crevasse, d'une bifurcation, en son centre, irrésolu ; il est à présent et Soi-même, et produit par le Soi-même comme jaillissement de lui-même, source jaillissante de son être propre en tant que sujet et objet.

A la différence de la subjectivité conditionnée du conscience-ego initial, l'objet n'entrave plus, ne lie plus et ne restreint plus et ne court-circuite plus le sujet. L'objet et le sujet ne se paralysent plus l'un l'autre dans les profondeurs de leur dualité contradictoire comme ils le faisaient au stade du « grand bloc du doute », mais déracinés, bouleversés dans leur centre contradictoire ils sont à présent enracinés et fixés dans leur source ultime. Transracinés et transcentrés, ils cessent de s'entraver dans une mutuelle contradiction et se manifestent en libre écoulement de cette source.

Dans la perspective de cette source à la fois fondement du Soi-même et fondée en lui, ce jaillissement spontané, intarissable, en tant que sujet et objet, hors de Soi-même est son retour sans entrave, ni limitation dans l'éternité mais à travers le temps. A nouveau c'est le Soi-manifestations : le manifestant est le manifesté, est la forme du manifesté et la substance du manifesté.

Dans la perspective du sujet éveillé, pleinement réalisé comme déploiement de son ultime fondement, il est Soi-sujet pur et inconditionné comme il est Soi-objet pur et inconditionné. Tout comme en tant qu'un sujet il est expression et fonction du Soi-même en tant que sujet, il en est également expression et fonction en tant qu'objet. Comme sujet-objet purs et inconditionnés, l'objet est sujet et le sujet, objet. Leur dualité qui n'est plus contradictoire ou dualisante est dualité réconciliée non contradictoire, non dualiste. Evoluant sans entrave aucune dans la totale liberté d'une subjectivité inconditionnée, le sujet réfléchit l'objet tout comme l'objet réfléchit le sujet. Le réfléchissant est le réfléchi, est origine de la réflexion, est le lieu de la réflexion. Il est l'image de la réflexion et la réflexion de l'image. L'Ego, le conscience-ego, et sa dualité sujet-objet

TROISIÈME PARTIE

Imprimé en France
par MD Impressions
73, avenue Ronsard, 41100 Vendôme
Mai 2009 — N° 55 261

MD Impressions est titulaire du label Imprim'Vert®

transenracinés, transcentrés et transformés sont à présent la dualité non contradictoire, non dualiste du Soi-ego ou de l'Ego-Soi.

Tel qu'il est Soi, source de lui-même en tant qu'ego, le Soi-ego est instantanément forme comme il est sans forme. Il est forme sans forme (1). Comme inépuisable fondement, il est sans forme définie aucune, dont la non-forme n'est pas non plus une forme fixe. Ni théorique, ni abstraite, cette non-forme est Soi-même la fontaine jaillissante de la forme. Car sans forme, il lui est possible dans l'existence réelle de donner vie, d'exprimer Soi-même à travers toutes les formes et d'être toutes les formes.

Sans le Soi-même conscient éveillé et dans son accomplissement, réalisation en tant que Soi-ego, il est et possède sa propre forme en tant que Soi-ego. En tant que source fondamentale, il n'est jamais simplement la forme de lui-même en tant que Soi-ego. Etant lui-même et non lui-même en tant que forme dans l'espace, l'ego-Soi est son propre être et son propre non-être en tant qu'existence dans le temps. Il est, en fait, l'extase réalisée, au-delà de lui-même et du non-lui-même, au-delà de l'être et du non-être. Il peut affirmer d'une affirmation inconditionnée : « Je suis » et « Je ne suis pas », « Je suis Je » et « Je ne suis pas Je », « Je suis parce que Je ne suis pas », « Je ne suis pas Je pour cela Je suis Je ». Soi-affirmation absolu, il est effectivement un Soi-affirmation-négation ou Soi-négation-affirmation absolu et dynamique. (Ce qu'on peut tenir pour la nature — ou *Logos* — de l'Amour.)

En outre, réconcilié et parachevé en Soi-même en tant que Soi-ego, il est l'autre en tant que l'autre est Soi-même. Lui-même et l'autre ne sont qu'un aspect de la dualité sujet et objet et tout comme il est lui-même un déploiement de Soi-même, l'autre aussi est un déploiement du Soi-même : « Je suis Je », « Tu es tu », « Je suis tu », « Tu es Je ».

Ce qui vaut pour sujet et objet, de lui-même et de l'autre, vaut aussi pour lui-même et son propre monde : « Je vois la fleur, je vois Moi-même », « la fleur voit Moi-même ». « La fleur voit la fleur. La fleur voit Soi-même. Moi-même voit Soi-même. Soi-même voit Soi-même. »

(1) *Wu-hsiang ;* en japonais *muso.*

On voit ici l'amour vivant, créateur dans son activité parfaite et sa parfaite réalisation, à jamais exprimant Soi-même, à jamais Soi-même exprimé. L'exprimant est l'exprimé, l'expression de l'exprimé et l'exprimé de l'expression (le par quoi, et le pourquoi de l'exprimé). Ici seulement apparaît l'affirmation totale inconditionnée du sujet et objet, de lui-même, de l'autre, du monde, de l'existant, car ici seulement apparaît l'affirmation totale, inconditionnée de Soi-même par Soi-même, à travers Soi-même en tant que Soi-ego.

Maintenant il est et il connaît sa « face originale » d'avant sa naissance. Maintenant il voit le « *Mu* », entend le « son d'une seule main » et peut manifester Soi-même « sans user de son corps, de sa bouche ou de son esprit ». Maintenant il comprend qui il est et où il sera après « que ses cendres brûlées seront dispersées ».

Ceci est finalement l'existence humaine accomplie, parfaite, au-delà de la contradiction existentielle du conscience-ego primitif. Ceci est enfin l'Homme réalisé en tant qu'Homme se possédant pleinement lui-Même et son être, son monde, capable de « transformer montagnes, rivières et la grande terre et de les ramener en (lui)-Même et de transformer (lui)-Même (1) et d'en faire les montagnes, les rivières et la grande terre » (2).

Tels sont, selon ma compréhension limitée, les rapports du Bouddhisme Zen et de la condition humaine.

(1) *(him)*-Self, dans le texte. L'auteur joue, ici, sur le double sens du mot « self » qui signifie à la fois « -même » et le « Soi ». L'expression pourrait équivaloir approximativement à « lui-même-le Soi » pour désigner ainsi l'ego éveillé du rêve de l'égocentrisme, qui, tout en restant lui-même, a réalisé son identification au Soi Principiel qui réside en son centre, qui « est » lui. *(N. du T.)*

(2) Voir D. T. Suzuki, *Living by Zen*, pp. 26-27.

Table des matières

Table des matières

TROISIÈME PARTIE

LA CONDITION HUMAINE
ET LE BOUDDHISME ZEN

par Richard de Martino

Imprimé en France
par MD Impressions
73, avenue Ronsard, 41100 Vendôme
Mai 2009 — N° 55 261

MD Impressions est titulaire du label Imprim'Vert®